本书是“新时代地方文化与城市精神构建之研究——以亳州为例”
(BKR2017Z02)项目的阶段性成果

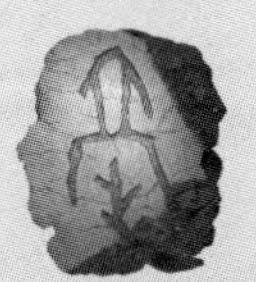

亳文化研究丛书

主编 张立驰

亳文化与亳州城市精神

BOWENHUA YU BOZHOU CHENGSHI JINGSHEN

张 兰◎著

合肥工业大学出版社

《亳文化研究丛书》编委会

《亳文化研究丛书》序

亳州，中国历史文化名城，地处涡水之滨，中原腹地。其历史悠久，文化积淀厚重，是华夏文明的发祥地之一。遍布境内的新石器时代村落遗址，展示出亳州史前文化信息，与大汶口文化、龙山文化有着密切的关系。商周时期的淮夷文化，则又使其与江汉流域的荆楚文化融合；同时，当时的社会大动荡大变革，又使这里成为南北人口迁徙的散聚地，成为南北文化的交汇处。周边文化在这个特定的地理环境中相碰撞，融会贯通，形成独具一格的地域文化。它既具有中华民族文化的共性，又有浓厚而鲜明的地域特性。以地域文化的视野审视，我们把发生与存在于历史上亳州的以及由其发生辐射、影响于外的文化称为“亳文化”。

从文化地理学的角度看，亳文化是历史上的亳州区划内的文化，时空悠久，从商汤始直至现代，地理区域辽阔。其生存的地域空间，以“亳”为中心，主要范围包括苏、鲁、豫、皖的结合部，比今天的亳州辖地要广阔得多。这是一个相对完整的文化区域，其地形自成一格，其生态环境、人文风貌极为相近，方言相通，民风习俗相近，有着共同的生产方式和生存方式，文化艺术血脉相通。从历史的时序性与空间的广延性看，名为“亳文化”切题近意，尽管时贤曾提出“淮河文化”“皖北文化”“淮北文化”“黄淮文化”“涡淮文化”“涡水文化”等概念，也自有道理，然深究其所述的历史文化、历史人物及文学成就，皆发生或活动于古亳地区，与其关系极为密切。若以“淮河文化”“皖北文化”等论之，难以凸显它与其他地域文化的差异、个性特征，也难以彰显古亳地区丰富多彩的文化及其精神。因此，我们用“亳文化”来表达这一地域文化的内容、特质和精神。

从文化结构看，亳文化由以下四个层面文化所构成：1. 物态文化，即“物化的知识力量”所构成的文化，是这一地域人们（以下简称亳州人）为满足衣食住行的需要而从事的物质生产活动及其产品的总和，是具有物质实体的文化事物，是构建亳文化的基础，如亳州地区的古村落遗址所表现出的新石器文化、服饰文化、中医药文化、酒文化等；2. 制度文化，是亳州人在长期的社会生活实践中所创立的各种社会规范构成的文化，是人们有意的安排设计，如礼乐制度、家族制度、婚姻制度、教育制度等；3. 行为文化，是亳州人在长期的社会实践中及人与人的交往中约定成俗的文化，表现在人们日常起居中，如亳州习俗民风等；4. 心态文化，是亳州人在长期的社会实践和意识活动中培育出来的社会心理、意识形态等精神文化，如老庄哲学、魏晋风骨、休闲养生、宗教信仰等。当然，这四种文化则往往是相互交叉和融合的，而且物态文化、制度文化、行为文化中囊括蕴涵着精神文化的内容，体现出特有的文化精神。

概言之，亳文化是亳州地区各种文化形态的总和，是千百年生活在涡淮流域的亳州人日积月累而形成的精神的、物质的文化遗产。它承载着中国传统文化的内容，支撑着中国传统文化的精神，凝聚着中华民族的品格。就其内容言，主要有史前文化、老庄道家文化、曹魏文化、亳州养生休闲文化、亳州民俗方言文化、亳州民间艺术、亳州明清商业文化等。亳文化与皖南徽文化形成了“南徽北亳”并蒂绽放的文化格局，成为安徽文化的两大主流，共同孕育了灿烂的安徽文明。

作为一个独立的地理文化单元的亳文化，既有明显的地理空间和时间流程上的规定性，又有内容上的规定性，既体现其独特的地域个性，又体现作为整个中华文明组成部分的共性，这一切都蕴含生长于我国南北文化在涡淮流域融合的文化洪流中。

中国现代大学制度的奠基人蔡元培先生曾说：“大学者，研究高深学问者也。”作为坐落在这块文化底蕴如此厚重土地上的亳州学院，深入开展亳文化研究，既是对文化本身的尊重和敬仰，更是高校以文化育人、传承文明的责任。因而，我们立足于地域文化研究与传承，整合学术力量，于2010年成立了“亳文化研究中心”，作为专门从事地域文化研究和学科建设的学术机构。五年多来，亳文化研究中心在魏宏灿教授、翁飞教授等校内外专家学者的共同努力下，在繁荣校园学术、弘扬地域文化、促进学术交流、营造良好学术环境等方面做出了积极贡献。

古人云：学术者，人才之本也。时移世易，此理犹然。亳州学院作为新建本科院校，理应崇尚学术，高度重视学术建设与发展，为人才培养营造良好的学术氛围和环境。“学术无有大小，皆期于道。”昌明学术，始于实践，终于实践，解疑答惑同时，理应助推经济社会发展。经过近几年的努力，全院的学术水平有了明显提升，人才培养环境渐趋良好，服务地方经济社会发展略有成就，然学术研究永远在路上。

清华大学原校长梅贻琦先生说过：“所谓大学者，非谓有大楼之谓也，有大师之谓也。”办好大学离不开学术大师，大师又离不开好的学术环境。二者相辅相成，缺一不可，缺一不存。这方面，亳州学院才刚刚起步，好在起点不决定终点，好在无论身处何地，我们依然可以随时虔诚仰望星空。亳州——这块文化厚重的土地给予我们营养，对教育和真理的信仰为我们指引方向，我们将不忘初心，以务实、开放的心态，用心教书育人、潜心科学研究，努力早出、多出成果。

张立驰

2016年9月26日

目　　录

引　言 …………………………………………………………… (001)

第一章　亳州城市精神 ………………………………………… (003)

第一节　“亳”的由来 ………………………………………… (003)
第二节　“亳”的历史变迁 …………………………………… (005)
第三节　城市精神 …………………………………………… (008)
第四节　亳州城市精神 ……………………………………… (017)

第二章　亳州城市精神的传统文化蕴含 ……………………… (021)

第一节　亳文化的诞生 ……………………………………… (021)
第二节　亳文化的发展 ……………………………………… (022)
第三节　亳文化的特质 ……………………………………… (029)

第三章　亳文化哺育亳州城市精神 …………………………… (033)

第一节　亳文化塑造亳州人纯良厚德的品格 ……………… (033)
第二节　亳文化锤炼亳州人勤劳务实的品质 ……………… (051)
第三节　亳文化熔铸亳州人开拓创新的思维 ……………… (059)
第四节　亳文化打造亳州人励志奋进的面貌 ……………… (062)

第四章　亳州城市精神的当代绽放 …………………………………（067）

第一节　厚德——城市之灵魂 ………………………………………（067）

第二节　务实——城市之根基 ………………………………………（127）

第三节　创新——城市之智慧 ………………………………………（153）

第四节　奋进——城市之气质 ………………………………………（177）

结　　语 …………………………………………………………（190）

参考文献 …………………………………………………………（191）

后　　记 …………………………………………………………（194）

引 言

8 年前，在国家政策的指引下，全国掀起了轰轰烈烈的城市精神提炼活动。“心忧天下，敢为人先”的长沙精神，“登高涉远，负重向前”的重庆精神，“海纳百川而服务全国，在艰苦奋斗中追求卓越”的上海精神……无不象征着人们对美好城市的期许和对美好生活的向往。然而，在“城市精神热”持续了几年之后，从 2013 年开始，这场热度逐渐冷却，究其原因则在于很多城市将城市精神的打造活动流于形式化、表面化、庸俗化、同一化，慢慢地与打造城市精神的初心渐行渐远，违背了城市精神的本质要求。

一场全国性的会议再次为城市精神的培育工作吹响了号角。2015 年，时隔 37 年后我国再次召开最高级别的城市工作会议。习近平在会上强调，要结合自己的历史传承、区域文化、时代要求，打造自己的城市精神。铿锵有力的话语为新时代的城市精神培育工作点亮了指明灯。为防止城市精神培育活动“千城一面”，各地要结合自己独特的历史文化传统和发展特点，打造富有特色的城市精神，使城市精神培育工作落到实处，推动城市精神填满老百姓的大脑，走进老百姓的心中，落到老百姓的行动上。

党的十九大报告要求，加强和改进思想政治工作，深化群众性精神文明创建活动。为此，欲在全国范围内“提高人民的思想觉悟、道德水准、文明素养”，必先以国之构成单位“城市”为基点。在中国特色社会主义进入新时代，培育和践行城市精神具有非常重要的理论和现实意义。弘扬城市精神与弘扬中华优秀传统文化、弘扬社会主义核心价值观是一脉相承的。城市精神生发于城市优秀的传统文化资源，致力于凝聚民心民力，增强公民素质，有助于提升城市的形象和气质，有益于增添城市的风采和魅力。

3000 多年的悠久历史赋予亳州这座国家历史文化名城厚重深邃的历史文化传统；18 年的地级市“市龄”又给予亳州朝气蓬勃的生机和活力。沧桑而又年轻，古老而又现代，底蕴深重而又意气风发，稳步前行而又跨越赶超……亳州崛起势不可挡，亳州魅力令人向往！为认真学习贯彻党的十九大精神，本书以亳州城市精神为研究对象，论述了亳州城市精神的发展历程、亳州优秀传统文化——亳文化的历史沿革、亳文化哺育亳州城市精神以及亳州城市精神在当代亳州人身上的体现等内容，意在大力弘扬亳州城市精神，推动亳州优秀传统文化实现创造性继承和创新性发展，讴歌为亳州的发展贡献智慧和力量的伟大的亳州人民，赞美新时代亳州昂扬向上的精神风貌，以促进亳州更加宜居宜业，更加满足人民群众对美好生活的向往！

第一章 亳州城市精神

第一节 “亳”的由来

一、“亳”之发端

夏朝末年，由于夏桀淫奢暴虐，众多附属国日渐离心离德，其中商汤迅速崛起。相较于夏的暴政，商汤采取“以宽治民”的政策，争取了民心，受到了老百姓的拥护，后来发动一系列战争推翻了夏王朝的统治，建立了商朝。据史料记载，商汤时苦于连年水灾曾多次迁都，分别在今河南省商丘市北、偃师市西、商丘市南建都，凡是他建都的地方均称作亳，于是便产生了“三亳”。亳州属于商汤南亳故地，而现在除了亳州这个地方还叫作亳以外，其他两个地方已不见亳的印记。汤所都之地南亳在亳州境内有以下证据：

其一，《孟子·滕文公下》记载了汤的发源地即为亳州：“汤居亳，与葛为邻。”《史记·殷本纪》曰：“成汤，自契至汤（14 世）八迁，汤始居亳，从先王居，作帝喾。”孔夫子的第十一代孙大学问家孔安国曾说：“契父都亳，汤自商丘迁焉，故曰从先王居。”又云：“以为作帝诰告先皇（帝喾），言已来居亳也。”汤的祖先是高辛氏，代颛顼为王，都于亳，所指即谷熟，这里至今还有高辛集。《括地志》载：“宋州，谷熟西南三十五里，南亳故城，汤所都也。”宋州即今河南省商丘，谷熟即现在的谷熟集，西南三十五里，其周围都是亳州辖区。唐张守节《正义》说为四十五里，各家所指方位一致，实为一处。所以汤所都之南亳，即今安徽省亳州谯城附近。亳州之“亳”由此得名。

其二，汤陵即汤王墓相传为商成汤王衣冠冢，位于亳州城东北一公里的涡水之阳的凤头村，即现在的汤陵公园内。古文献史料中关于汤陵的记载很多，如魏文帝《黄览》中说："涡北凤头村，丛莽中有成汤故垒。"汉建平元年（公元前6年），汉哀帝遣御史长卿拜谒，曹操宗族墓出土的字砖中有"谒汤都"刻字。又据光绪《亳州志》载："自庸东迤距不数里，厥地曰凤头村，内有从冢盘积，傍附故刹，世传为汤之遗迹。"这些文字记载都明确指出亳州为商汤之遗迹。

根据史料记载，汤陵之东有桐宫，西有桑林，桐宫是放置汤的孙子太甲的地方。汤死后由太甲继承，可他改变了汤的制度条令，冢宰伊尹把他废置于桐宫，由自己摄政。三年后，太甲悔过，伊尹又还政于他，自己告老还乡。这个桐宫，后改为"大觉寺"。桑林，乃是汤王祷雨的地方。传说汤得天下后，遇到了连续七年的大旱，颗粒无收，百姓叫苦连天，汤王为解民众之忧，力排史官以人作牲祭神求雨的奏议，"断发文身，以自己为牺牲，祷雨桑林。"祭神那天，汤王穿着粗布衣服，披着头发，身背白茅，向天祈祷说："如果我政治不节，是我一人之罪，不要连累百姓；如果万民有罪，也都在我一人身上。"说过，他走上柴堆，微闭双目，此时柴堆燃烧起来，汤王站在烈火之中，大汗淋漓。突然狂风骤起，乌云密布，大雨一下数千里，百姓获得了丰收。美好的传说象征着老百姓对幸福生活的盼望和对贤德君主的千古传颂。

二、"亳"之含义

从字形上看，"亳"字的组成部分是"京"和"乇"。那么"京"和"乇"分别作何解释呢？

京，《尔雅》曰："丘，绝高曰京。"《广雅》曰："四起曰京，天子所居曰京师。京，大也；师，众也。"因此京城是帝王所都之地。乇（zhe 二声），《说文解字》记载："乇，草叶也。从垂穗上贯一下有根，象形，凡乇之属皆从乇。"乇是一种草本植物，有垂穗，是一种原始植物经由人类培植而生长的有粒谷物，《说文解字》又云："象形为五谷之首，谓之祭神，或曰五谷之神，社，土地之神，共祭之曰社稷，社稷，一个国家之象征也。"《白虎通义》曰："社稷，人非土不立，非谷不食，封土而立，亦有社也，五谷之长，故曰稷神，而祭之，所谓社稷，在右者社稷，在左者宗庙，而共祭之。"社稷象征着国家。社稷在则国家在，社稷亡则国家亡，可见京都和社稷的密切关系。亳字的构成很好地诠释了它作为帝王京都和社稷的所在地象征着国家。早在五帝之一的帝喾时代，国家的概念已经形成，到了成汤，已建立了完整的国家机器。这就是“亳”字的根本含义，也阐明了“亳”字的深邃内涵。

民间的传说为“亳”字的含义加入了更加形象生动的脚注。相传商汤打败夏后，需要一个风水宝地作为都城，于是他让伊尹前去搜寻好地方。伊尹为了圆满完成任务，跑遍了所有的宝地，最后找到了亳州这个地方，这里地势高耸、土壤肥沃、气候适宜，是建都的不二胜地。伊尹向成汤汇报后，成汤十分高兴，又交给伊尹两项任务，一个是负责都城的建设，另一个是给新建的都城起一个好名。伊尹深感责任重大，丝毫不敢懈怠，苦苦思考都城的名字。有一天，他看到都城城墙高耸，建筑高大，气势恢宏，就灵感迸发，随手在地上画了一个“高”字和一个“京”字，然后他又看到地里的庄稼茂盛，当时有穗植物的象征字“乇”，这是国家政权的根本，连同土地、宗庙合称为“社稷”。于是他立刻创造了一个新字，这就是“亳”：其上为高、京的上半部分，其下为有穗植物的象征字为“乇”。“亳”字既象征着都城建筑的高大宏伟，又寓意着京城的重要地位：“农”为立国之本、“都”为倡农之地。这与商初的社会背景是吻合的，商政权建立初期，水害和粮食是关系到国家根基的两大难题。因此，所选建都之地必然是肥沃的高地。

综上所述，“亳”是五帝时代喾高辛氏之墟，殷商第一代帝王成汤之都；甲骨文“亳”字由京、乇二字构成，象征着国家社稷。它是殷成汤王的帝京，又是殷社稷之所在，也是殷人祭祖和祭拜宗庙之处。

第二节　“亳”的历史变迁

早在5000多年前，亳州境内的沿河台地上就聚集着许多氏族部落；3700多年前，商汤建都于亳，这里发展成为当时的政治、经济、文化中心。遗留在亳州境内的大量新石器时代村落遗址向人们讲述了历史悠久、辉煌灿烂的亳州古老文化。

相传夏禹治水成功之后，把天下分成冀、兖、青、徐、扬、荆、豫、雍等九州，豫州就包括今天的亳州。商朝承袭夏制，亳地仍属豫州，商王成汤于今亳州市谯城区北境内建都，史称“南亳”。当时亳州境内的焦、夷，蒙城境内的稽，都是商朝的重要方国。

周朝初期，亳州境内置焦国，辖有焦、夷二邑（焦邑旧址位于今亳州城区，夷邑旧址位于今亳州谯城区城父镇）。

春秋战国时期，社会出现大动荡大变革，各国纷纷变法图强，企图称霸称雄，结果列雄相争，弱肉强食，小国被迫依附于大国。亳州属于陈国。周襄王十五年（前637年），楚伐陈，亳州境内的小国基本上为楚国所吞并。战国之际，亳州的归属迭有反复，曾先后为宋、陈、楚等占有，后期则属于楚国。周景王十七年（前528年），楚平王建立谯城，改焦为谯。

公元前221年，秦始皇统一中国，建立了中央集权制的封建国家。秦在地方上实行郡县制，把全国分为36个郡（后来增加到40余郡）。当时的亳州属于泗水郡（今淮北市相山），泗水郡辖有亳州境内的谯、城父及涡阳境内的下城父等县。亳州还有一部分当时属于砀郡。

汉承秦制，汉初在地方行政方面也是承袭秦的旧制。到汉武帝时才设立了十三个州，地方区划实行州、郡、县三级管理制度。亳州当时隶属于豫州刺史部（治所在今亳州）。北部设立了沛郡（治所在今淮北市相山），辖郸（今涡阳县丹城集）、山桑（今蒙城县境内）、谯（今亳州）、城父（今亳州城父集）等县。

东汉政权建立后，承袭西汉旧制，亳州仍隶属于豫州（州牧驻亳州），豫州下设的汝南郡辖有思善（今亳州古城镇）、城父（今亳州城父镇）等十二个县。豫州沛国领谯（今亳州）、郸（今涡阳丹城）两个县。

东汉建安二十四年（219年）正月，分沛国立谯郡。谯郡领县有谯、城父、山桑、酇、龙亢（今怀远县龙亢集）、蕲（今宿州市境内）、铚（今濉溪县境内）等七县。

三国魏黄初二年（221年），改谯郡为都，与长安、许昌、洛阳、邺并称为“五都”，辖谯、酇、铚、苦、蕲、萧（今萧县境内）、相（今淮北市境内）、宋（今太和县倪丘）、虹（今五河县西）、洨（今蚌埠市固镇东）、符离（今宿州市境内）、城父、龙亢、山桑、竹邑（今宿州市境内）等十五个县。永嘉之乱（311年）后，晋帝偏安江南，建都建康（今江苏南京）。少数民族入主中原，这个时候建置混乱，归属变化无常。谯郡曾一度改属徐州。咸康四年（338年）在谯县侨置陈留郡小黄县，从此以后，谯县又称成为小黄县。

南北朝时期，地方行政区划更是一名多地，或一地多头，极为混乱。当时涉及亳州的郡县设置有南朝刘宋设置的小黄（今亳州境内）、浚仪（今亳州城父镇）等侨县，属陈留郡（治所在今亳州）；蒙（今亳州蒙城县）属谯郡；另有属南豫州的南谯郡，领有三桑、谯、城父等侨县，侨置于今巢湖市、无为一带；侨置于今寿县境内的陈留郡有浚仪、小黄等侨县；侨置于今全椒县境内的南兖州所属的谯郡还领有山桑等侨县。

南朝萧齐所设置的豫州所属的陈留郡领浚仪、小黄等侨县；西南村郡领谯等侨县。南豫州所属南谯郡领有三桑等侨县，庐江郡领有谯等侨县，侨于巢南。南部萧梁设置的西徐州辖谯郡（治所在今蒙城县）、蒙郡（治所在今蒙城县西北）。

北魏太和十六年（492 年）设置的小黄、浚仪、谷阳三侨县属陈留郡，正始四年（507 年），置南兖州，治小黄，辖谯、梁、沛、马头、下蔡、陈留、北梁等七个郡二十一个县。南朝梁中大通四年（532 年），梁改南兖州为谯州。北周大象元年（579 年），改南兖州为亳州。

隋朝开皇元年（581 年），废除陈留郡；开皇十六年（596 年），置肥水县（今蒙城县）；大业三年（607 年），改小黄县为谯县，改亳州为谯郡，辖谯、山桑、城父、永城、临涣、酂县、谷阳等七个县。

唐初承袭隋制，继续在地方实行州、县两级管理制度。唐初在亳州境内设置有城州（今亳州城父镇）、文州（今利辛县境）、清丘、山桑、小黄、药鲖（今涡阳县城）、城父（今涡阳县境）等县。唐武德四年（621 年）又改谯郡为亳州，改成州为城父县，废文州为文成县，废药成县。唐武德五年（622 年）在亳州置总管府，辖谯、颍、宋、沈、亳、北荆等六州。武德七年（624 年），改亳州总管府为都督府，废文成县入城父县。

五代十国时期，亳州领谯、城父、蒙城 3 县。北宋在地方行政区划上开始实行路、府、县三级管理体制。淮南东路所属的亳州领 7 县，其中有今谯城、城父（即亳州城父镇）、蒙城 3 县。

金承袭宋制，亳州属南京路（治今开封市），领谯、城父等县。蒙城县当时属于寿州。金被灭以后，亳州复归南宋。直到元朝建立以后，省（行省）开始成为一级地方行政区域，实行省、路（府、直隶州）、军（州）、县四级管理体制。亳州辖谯县、城父 2 县，属归德府（今商丘南）。蒙城县（今同）直属安丰路（治今寿县）。

明朝改元行省委布政使司，在地方行政区划上实行布政使司、府、州、县四级管理体制。亳州单独设置，蒙城属寿州（今寿县）。洪武六年（1373 年），改亳州为亳县，隶属于凤阳府颍州。弘治九年（1496 年），又改亳县为亳州，仍隶属于凤阳府。

清朝初期，亳州隶属于江南省凤阳府。后又将江南省划分为江苏省和安徽省，亳州隶属于安徽省。清雍正二年（1724 年），亳州升级为直隶州，辖蒙城和太和两个县。雍正十三年（1735 年），亳州降为属州，不辖县，隶属于颍州府管辖。同治三年（1864 年），析亳州、蒙城、宿州、阜阳各一部置涡阳县，归属颍州府。

“民国”元年（1912 年），改亳州为亳县，隶属于安徽省凤颍六（后改名为淮泗道）。“民国”二十一年（1932 年），在阜阳设置行政专员督察区，作为省政府的派出机构。同年 10 月改为第七专区，1940 年 8 月又改为第三专区，亳县、涡阳、蒙城等县为阜阳专区所辖。抗日战争胜利后，亳县境内出现两种政权：国民党和共产党。国民党设置亳县、涡阳、蒙城县政府；共产党先后在农村成立雪（永）商亳、商亳鹿柘、鹿亳太（亳县）、雪涡、涡亳、宿蒙、阚疃等边区县级府。1948 年 8 月，中共豫皖苏二地委，设立亳州市，辖城关及郊区，同月，中共豫皖苏六地委设立涡阳市。1949 年 2 月，根据中共中央关于恢复原建制的指导，亳县、涡阳、蒙城撤销各边区县市，恢复原建制，隶属于阜阳专署。

中华人民共和国成立以后，亳州转隶皖北行署阜阳专署；1952 年 8 月，亳州隶属于安徽省阜阳专区；1964 年 10 月 31 日，国务院决定从阜阳、蒙城、涡阳、凤台四个县中各拿出一部分区域共建利辛县，隶属于阜阳专区；1986 年 3 月 21 日，国务院撤销亳县，设立亳州市（县级），隶属于阜阳市；1998 年 2 月，亳州市（县级）升级为副地级市，由安徽省直接管辖；2000 年 5 月 21 日，国务院将亳州市升级为地级亳州市，辖谯城区、蒙城县、涡阳县和利辛县。

第三节　城市精神

一、城市精神的内涵

城市精神是城市居民的思想道德、价值观念、生活方式、行为方式、精神风貌等等以及城市的历史文化、社会状况、发展态势等的集中体现。它以城市的过去、现在和未来为综合考虑因素，发端于城市的过去，立足于城市的现在，指向城市的未来，以绽放城市魅力和表达城市独特个性为己任，从城市文化中凝练出来的最本质、最核心的城市文化精髓。综合而言，城市精神包括以下四种含义：

1. 城市精神是城市文化的核心

城市文化是一座城市的物质文明、精神文明、政治文明和生态文明等的总和，是人们在长期的生产生活过程中通过改造自然、改造社会、改造自身所具有的知识、道德、法律、艺术、制度、信仰、风俗等的能力和习惯。城市精神是从城市文化中提炼出来的，是城市文化的重要组成部分，是城市文化的本质和核心。城市文化通过城市形象表达出来，城市精神是城市形象的忠实代言。城市精神代表了城市形象，是一座城市的名片和旗帜。城市精神是一座城市的气质所在。通过城市精神，人们很容易联系到一座城市，进而联想到这座城市的形象和气质。因此可以说，城市精神是一座城市的“气味”。每一个事物的气味是独特的。正如男人和女人的气味不同，狮子和熊猫的气味不同，花鸟虫鱼的气味不同。正所谓，闻香识女人，“闻香识城市”。例如，法国巴黎的城市文化非常丰富，大量的文物古迹、经典的古代建筑、走在时尚前沿的服装衣饰、优良的生态环境、浓厚的艺术气氛、多彩的文化生活、文雅的娱乐活动等等都是其深刻的表现。有人这样描述巴黎：“走进巴黎，就如同走进了建筑的历史，文化的圣殿，艺术的宝库”，赞誉她是“建筑艺术的代表，古城保护的楷模，文化环境的典范，生态文明的样板”。有鉴于此，巴黎从多姿多彩的城市文化中提炼出“时尚之都，浪漫之都，文化之都，服饰之都”的城市精神。这是对巴黎城市文化的高度浓缩，是对巴黎城市文化内在神韵的准确表达。

2. 城市精神是城市的专属个性

由于每个城市的历史文化、自然环境、地理面貌、规划格局、发展模式、建筑风格、人文环境等各有不同，散发出来的气味和个性就会不同，城市精神也会有不同的表达方式。城市精神综合反映了一个城市的政治、经济、文化、历史、社会特点等，是一个城市在长期的发展过程中形成的城市特色，独具城市的品位和个性。一方水土养一方人，一方水土也孕育了一方水土的精神。日本学者小川和佑在《东京学》书中感性地说道：“一个人是需要有精神的，一个城市也需要有精神。一个美好的人一定是一个有精神的人，一个美好的城市一定是一个有精神的城市。一个人什么都可以缺少，唯一不能缺少精神；一个城市什么都可以拥有，但最难得、最难拥有的是精神。”① 一个

① 小川和佑：《东京学》，南京：译林出版社，2002年版，第66页。

人因为有了个性才成为“这个人”，而一座城市因为有了个性化的城市精神才成为“这座城市”。城市精神的表达最忌讳的是千篇一律，没有城市的特色。不具备城市特色的城市精神形同虚设，不但不会发挥凝神聚气的作用，反而会使城市居民的向心力大大减弱，失去了对城市的依附感和归属感。独具特色的城市精神能够将城市居民的思想统一起来，创造更大的价值。例如，重庆根据自身的地理环境和历史文化，在充分考虑过去、现在和未来的发展前提下，将城市精神表达为“登高涉远，负重自强”，这种表述浓缩了重庆人历久弥新的精气神，形神兼具，立意高远，既通俗易懂又怀揣深厚的重庆历史文化底蕴，具有十分鲜明的个性。一看到“登高涉远，负重自强”这样的表述语，人们自然而然就会联想到忍辱负重、自强不息、砥砺奋进的中国城市——重庆。

3. 城市精神是民族精神和时代精神的融合

一座城市的形成和发展是建立在国家和民族的发展基础之上的，城市的政治、经济、文化等必然打上国家和民族的烙印。因此，城市精神还是一个国家民族精神和时代精神的融合。民族精神和时代精神是城市精神形成的基石。民族精神是一个民族在长期的共同生活和社会实践基础上形成和发展的，为民族大多数成员所认同和接受的思想品格、价值取向和道德规范，是一个民族心理特征、文化传统和思想感情等的综合反映。城市精神继承了民族精神的“遗传基因”，在城市长期的发展过程中形成了自身的特色和个性，传承了民族精神的“血脉”，深化和更新了民族精神的内容，高度体现了一个国家和民族的精神。时代精神是在新的历史条件下形成和发展的，是体现民族特质、顺应时代潮流的最新的思想观念、行为方式、价值取向、精神风貌和社会风尚的总和。民族精神是时代精神的基础，时代精神是民族精神的继承和发展。时代精神和民族精神共同构筑成一个国家和民族的精神风貌。一座现代化的城市，不仅要继承和弘扬优秀的历史文化传统，更要精准把握时代发展的脉搏，在改革大浪中站稳脚跟，在时代潮流中凝聚城市精神，使城市精神跟上时代前进的步伐，顺应时代发展的趋势。城市精神是民族精神和时代精神在一座城市身上的精心调和。在当代中国，培育和弘扬城市精神，与弘扬以爱国主义为核心的民族精神和以改革创新为核心的时代精神是高度一致的。

4. 城市精神是城市居民共同追求和认同的价值观

城市精神说到底还是人的精神，是生活在该城市的人们通过思维方式、生活方式、行为方式、治理家园和创造各种环境的实践等表现出来的价值理念和意识形态。因此，城市精神反映了广大城市居民的意志，并被城市居民认可和接受，传播和践行。它是城市居民的文明修养和道德理想的高度概括，是城市居民的生活信念和人生境界的突出反映，是城市居民共同追求和认同的价值观，体现了城市居民的主体性和创造性。城市精神如果不被该城市的居民所认可和接受的话，就不会发挥它应有的作用，偏离了设定的轨道，失去了方向和意义。只有被城市居民大力追捧、高度认可并自愿身体力行的城市精神才能创造更大的文化价值，引领城市更加欣欣向荣。

二、城市精神的载体

城市精神作为无形的价值观不仅通过居民的思想道德、人文素质、精神风貌等表现出来，而且还通过城市的建筑风格、公共空间、艺术雕塑、历史文化遗产等有形的载体映射出来。

1. 城市建筑与城市精神

城市建筑是城市有形的符号，城市建筑风格集中反映了一座城市的审美观和价值观。城市建筑文化是城市文化在城市建筑上的缩影，一座城市通过建筑艺术传递市民的文化水准、审美标准、风俗民情、价值取向等。城市建筑是城市精神的重要载体。

上海外滩万国建筑博览群

建筑风格的差异决定了城市的区别。城市的建筑风格取决于城市的地域特点、历史沉淀、思想观念、艺术水准、技术条件等等。建筑风格主要包括建筑样式和建筑性格。建筑样式好比人的服装，是外在的，像服装款式反映了一个人的外在形象一样，各式各样的建筑风格也反映了不同的城市形象，表达了不同的城市精神；建筑性格是内在的，像人的性格一样，是相对稳定的，主要受到城市的自然环境、历史文化、人们的价值观念等的影响。建筑性格更是城市精神的集中反映。不同的建筑风格象征着不同的城市精神。中规中矩、保守传统的建筑风格往往代表了这座城市因循守旧、思想不开放的特点；灵活多样、变化多端、色彩明快的建筑风格通常说明这座城市充满了生机和活力，开放和包容。经典的城市建筑给市民思想上带来的影响是无形的和深远的，能够对塑造城市精神产生积极的影响；优秀的城市建筑能够给市民带来情感上和精神上的升华，有助于形成良好的城市精神文明和道德风尚。不同的建筑空间会让人产生不同的情感体验，或紧张，或松弛，或忧郁，或明朗，或开心，或不悦，或灵感迸发，或思绪万千，而这些都会对城市精神产生极大的影响。

2. 城市公共空间与城市精神

城市公共空间是指面向城市居民开放的、位于实体建筑之间的进行各种活动和人际交往的公共区域，主要包括城市街道、广场、公园、体育场馆、景观绿化带等公共空间。城市公共空间作为城市精神的重要载体展现了市民的文明修养、行为习惯、价值取向和精神风貌。

纵横交错的城市街道是城市景观的直白表达，街道维度、道路两旁的建筑物体量、沿路绿化带、各式各样的广告牌和路标、文明宣传标语等等组成了城市的景观，展现了城市的魅力，表达了城市的形象，反映了城市的特色，代表了一座城市的文化内涵，是城市精神的重要载体。城市街道可以说是城市的“生命线”和“血管”，联通着城市和居民，将城市形象输送到居民心中，运送到城市以外，表现了很强的城市活力和生命力。例如，闻名遐迩的南京新街口、时尚繁华的上海南京路、庄严宏伟的北京长安街等，无不诉说着城市与众不同的性格和各具特色的城市精神，给人留下深刻的记忆。

城市广场因其开阔的视野、广阔的面积、独特的标志、休闲的氛围等给人们留下了深刻的印象。一般情况下，人们会因为城市广场而记住一座城市，会因为城市广场而爱上这座城市，也会因为城市广场而对这座城市流连忘返。城市广场聚集了大量的人流、车流、意识流，各种文化形态、价值形态、思

布拉格广场

想形态、行为艺术在这里交融碰撞，人们来到这里休闲玩耍，感受城市的气息和变化，欣赏城市的风采和魅力。城市广场作为城市精神的载体是城市的名片和标志，承载着传达城市形象和城市信息的重要任务。例如，我国香港的时代广场坐落在香港的心脏地带——铜锣湾，它作为香港的十大景点之一象征着香港的繁华，是香港的重要标志。捷克首都布拉格的老城广场（又名布拉格广场）中央的扬·胡斯雕像和最具特色的古建筑自鸣钟都展现了布拉格的城市精神和悠久历史。

3. 城市雕塑与城市精神

城市雕塑是城市优秀历史文化的代言。它饱含了不同的寓意，记载了城市的历史和文明，代表了城市的文化水准和精神风貌。城市雕塑给人以启迪，启发人思考，唤醒人的记忆，涤荡人的心灵，拓展人们的思维，形成特定的文化氛围，给人以文化的熏陶，在潜移默化中塑造着城市形象。

雕塑艺术以静态的形式凝结了城市文化，是城市文化的高度概括。它通过各种不同的造型和姿态展现了城市的过去、现在和未来，具有强大的历史性、代表性、人文性、启迪性、时代性和纪念性。独具匠心、寓意深刻的雕塑艺术能够提升一座城市的文化品位，增加一座城市的风采魅力，促进一座城市由内而外的文化和经济交流。例如，浙江绍兴上虞区的我国最长的城市雕塑群《舜耕》讲述了我国远古时期的帝王舜披星戴月、躬耕畎田，大象感其恩德前来相助的感人故事。全国的游客纷纷慕名而来，很好地传播了上虞区的文化，极大地促进了上虞区的经济发展和对外文化交流。《舜耕》的雕塑代表了上虞区优秀的历史文化，对塑造上虞区的城市精神起到了非常重要的作用。再如，举世闻名的自由女神像代表着纽约精神，表达着人们对自由的热爱和向往，象征着美国人民争取自由的崇高理想。

浙江绍兴上虞区的《舜耕》雕塑

4. 城市历史文化遗产与城市精神

城市历史文化遗产是一座城市的历史记忆，是城市宝贵的历史文化资源。作为不可再生资源，它具有非常大的价值，代表了城市的过去，连接着城市的现在和未来，是一座城市发展的基石。历史不能忘却，历史文化遗产作为历史的有形载体应好好加以保护，它象征着一座城市厚重的历史文化内涵，代表了一座城市的厚度和宽度，是城市精神的重大载体。

城市历史文化遗产作为城市的人文景观不仅凝聚着城市的历史和文化，而且是城市历史发展的智慧结晶。保护和开放珍贵的历史文化遗产，在保留原貌的基础上延续其风格，继承和弘扬优秀的历史文化传统，有益于培养人们铭记历史、继承传统、珍惜现在、感恩拥有的品格，有助于培育和铸造城市精神。历史文化遗产具有独特性和唯一性，反映了一座城市独有的面貌和与众不同的气质，能够彰显一座城市的精神风貌，提升城市的文化品位，塑造颇具特色的城市精神。例如，始建于清朝年间的亳州花戏楼（又名山陕会馆）以其精湛的砖雕艺术、美轮美奂的彩绘艺术、传奇的历史故事而美名远扬，象征着亳州悠久且厚重的历史文化，代表了中华文化的精髓，对亳州城市精神的培育产生了非常重要的影响。

亳州花戏楼

三、城市精神的作用和意义

城市精神是一座城市的精气神，像黏合剂一样把城市居民紧紧地聚拢在一起，共同向着建设美好城市发力，共同为建设美好城市献计献策，贡献智慧和力量。无论出身、贫富、颜值、学历、职业、宗教信仰等，大家拥有共同的家园，有责任有义务把它建设得更加有活力、更加美丽、更加适宜居住。培育城市精神对于城市的发展来说意义重大。总的来说，具有以下四个方面的作用和意义：

1. 展现城市形象

一座城市的形象是与这座城市的精神面貌和文化内涵有着巨大的牵连的。一般而言，人文素养和文化气息浓厚的城市会给人留下非常好的印象；而缺乏人文素养和文化气息的城市往往会让人很快遗忘。城市精神是展现一座城市的形象和魅力、扩大城市的知名度和影响力、引领城市蓬勃发展的重要因素。人的素质、城市建筑和雕塑、知名人物、城市街道、历史文化遗产、绿化景观、旅游景点等等都是城市精神的载体，它们经过漫长的时间洗礼融入了城市的气息，沉淀了城市的内涵，象征着城市的发展，诉说着城市的变迁，逐渐演变成了城市的名片，代表了城市的形象。培育城市精神能为城市的发展浇筑强大的磁力，提升城市的知名度和美誉度，为城市的发展营造良好的外部环境和内部氛围，在吸引人才、资金和其他优秀资源汇聚的同时促进招商引资，最大限度地展现一座城市的精神风貌，发挥一座城市的强劲优势。

2. 助力城市文化发展

一座城市在漫长的形成和发展过程中缔造了属于自己的文化，积聚了城市的自信力、凝聚力和创造力，是城市居民共同追求、努力创造的，支撑和推动城市发展的精神支柱和强大驱动力。文化是提高城市竞争力的重要因素。在城市经济实力不断增强、人们物质生活水平显著提高以后，城市的精神文明和文化发展摆在了越来越突出的位置。一座城市要想获得可持续发展，不仅仅要重视经济社会发展，更要着重在文化软实力上发力。这是历史发展的必然趋势。城市精神是城市文化的本质和核心。培育城市精神有助于增加城市文化内涵，传承优秀传统文化，提升市民的人文素养，增强城市的文化氛围，对于引导和促进人们重视精神境界、思想道德素质乃至人的全面自由发展具有十分重要的意义。

3. 增强市民的主体性

城市精神归根结底还是人的精神。有无城市精神对于城市居民的主体性塑造具有很大的差别。优秀的城市精神有助于增强市民的主体性，唤醒市民的主体意识，培养市民的主人翁意识和责任感，增强市民对于城市的认同感、依附感、荣誉感和归属感。反之，空洞的城市精神（或者一座城市没有专属于自身的城市精神）则无法凝聚民心，无法带领人们为了城市发展冲锋陷阵，城市的发展缺乏精气神，缺乏凝聚力，如同一盘散沙，像打了败仗。在培育城市精神的过程中，城市居民会自然而然地意识到自身对城市发展所具有的责任和义务，在潜移默化中使得城市居民体会到自己是城市发展的一分子，不仅是城市发展成果的享有者，更是城市建设的主体、参与者和维护者，激励城市居民同舟共济，荣辱与共，大家同心，其利断金。特别是当一座城市有重大事件发生时，城市精神会催生出强大的感召力和凝聚力，鼓舞大家团结一致，同心同德，共同努力。

4. 提升城市软实力

21 世纪世界各国的竞争共同聚焦在软实力，对于城市而言，也是如此。软实力和硬实力如同鸟之双翼，车之两轮，缺一不可。硬实力为软实力奠定物质条件；软实力则为硬实力提供智力支持和精神动力。一座城市如果片面注重硬实力的发展而忽略了软实力，那么这座城市不可能获得长久发展，很快会停滞不前，丧失竞争力。大量事实表明，软实力决定硬实力的发展方向、速度、质量以及最终的成败。城市精神属于文化软实力的范畴，是无形的软实力资源，是宝贵的精神财富，是衡量一座城市综合竞争力的重要指标。优良城市精神的培育，将大大提高城市软实力，助力城市硬实力发展，推动城市软实力和硬实力“两条腿走路”，催生市民重视文化、重视精神、齐心协力共同创建美好家园的激情和信心。

第四节　亳州城市精神

一、形成背景

亳州，一座拥有 3700 多年历史的文明古都，北接黄河，南襟江淮，沿涡河数百里土地肥沃、平垠丰饶，是农耕文明的摇篮。亳州地处苏、鲁、豫、皖四省结合部，2000 年 5 月经国务院批准为地级市，辖涡阳、蒙城、利辛三县和谯城区，土地面积 8374 平方公里，人口 600 多万。这座古都小城地处北温带南部，属暖温带半湿润季风气候区，气候湿润、雨量适中、季风明显、日照充足、植被密布，充足的阳光和湿度，四季分明的气候规律，令人心旷神怡，身心放达。亳州自古就有“南北通衢，中州锁钥”的美誉，如今京九铁路、徐阜铁路穿境而过，南洛高速和商阜高速全线贯通，G105、G311 国道和 S202、S203、S224 等多条省道四通八达，农村公路网如织如密，内河航运直达沪杭，承南启北、东进西出的区位优势十分突出。

亳州是国家级历史文化名城，涡阳、蒙城是省级历史文化名城，漫步在这片古老而厚重的土地上，仿佛穿行在五千年华夏文明的时光隧道，无时无刻不在呼吸这座城市厚重的历史和傲人的辉煌之空气。自商都于亳时，这里已有 3700 多年的历史，吸吮着汤汤涡水，亳州孕育了无数灿若星辰的风流人物、英雄豪杰、文人墨客。道家鼻祖老子、一代圣哲庄子、魏武帝曹操、神医华佗、悯农诗人李绅、“竹林七贤”之一的嵇康、希夷祖师陈抟、捻军领袖张乐行等等都是这块繁荣胜地的骄子。苏轼、欧阳修、王安石等许多文学大家都曾在此为官交游，给亳州留下了许多美丽的传说。这里是中华药都、和谐养生圣地，这里是中国十大幸福之城、五禽戏之乡、长寿之乡，这里是世界道文化中心、全国双拥模范城市，这里是中华武术之乡、皖北粮仓、新型能源之城……

无数的赞誉送给这座年轻的城市一点都不夸张。虽然这座城市的“市龄”很短，只有 18 岁的年龄，但是正如少女一般，风华正茂，亭亭玉立，充满了无限的渴望和可能，未来一片大好；正如小伙子一样，生龙活虎，摩拳擦掌，充满无限的生机和活力，前途一片光明。历史在 2000 年让亳州发生了重大转变。2000 年之前，亳州就已经是历史文化厚重、底蕴丰富、经过岁月洗礼一直前进的三朝古都，2000 年组建地级市以后，亳州的发展势头更加迅猛，各项事业都呈现出跨越式发展的良好态势，步入了飞速发展的快车道。历史在 2000 年让亳州有了质的飞越。在这种形势下，一方面需要加大对亳州的物质的投入，另一方面更需要强大的精神动力给予支撑，物质文明和精神文明“两手”一起抓，才能抓得更牢，抓得更久。

在获得了安徽省文明城市的殊荣以后，亳州市正在向全国文明城市奋进。培育城市精神，推进城市的文化建设作为全国文明城市的测评指标之一意义重大。城市精神是一座城市独具特质的精神品格，是展示城市形象、引领城市发展的一面旗帜。在新的征程上，亳州市需要这样一面旗帜。培育亳州城市精神的工作应运而生。

二、表述语阐释

2009 年，亳州市文明委面向市内外广泛征集亳州城市精神表述语。从理论研究、社会征集到初步筛选，历经 9 个多月的时间，最终确定了“厚德、务实、创新、奋进”的亳州城市精神表述语。城市精神的提炼并非容易的事，尤其是对于有着 3700 多年历史的古都亳州来说，既要能够传承亳州厚重的历史文化底蕴，又要能够指引亳州市未来潜力无限的大发展。“厚德、务实、创新、奋进”符合了这样的价值旨趣，切合亳州的实际。

厚德，即崇德向善，注重道德修养。这是对亳州传统文化的真实写照和精准继承。享有“天下道源”美誉的亳州以拥有厚德的明君汤王、道教鼻祖老子、正人君子柳下惠、忠孝两全的花木兰等等一大批道德高尚的历史名人而自豪不已。尊崇德性，崇尚德育，这是亳州人共有的品行，这种美德因子的养成，来源于亳州悠久的历史和深厚的历史文化积淀，盛开在充满魅力的亳州大地上。自古亳州多壮士，如今处处是好人。亳州市非常注重市民的思想道德建设和精神文明的发展，积极发现、推荐、评选好人和道德模范，倡导志愿文明新风，从亳州好人，到安徽好人，再到中国好人，荣誉榜上从来不缺少亳州人；从“上善若水”的老子到频繁出现在新闻媒体中被赞扬的亳州面孔，亳州人一直在用小事、生活事、热心肠诠释着“道德之乡”厚德的传统和新风。

务实，即脚踏实地，实事求是。这是亳州人勤劳苦干的逼真形象。亳州长期以来坚持根据自身实际谋划发展思路。东汉末年，亳州就已经是闻名遐迩的中药材种植基地，明清时期就已经发展成为“中国四大药都”之一，如今更是在努力打造“世界中医药之都”。没有一步一个脚印地稳扎稳打，就没有亳州中药业的一个又一个成绩，一步又一步辉煌。亳州人骨子里镌刻着辛勤耕耘和务实能干的品质。建市以来，亳州的社会发展取得了可喜的成绩，政治、经济、文化、生态、科教体育等大踏步前进，尤其是重点发展区域南部新区不到十年的时间一条条道路交错贯通、一座座高楼拔地而起、一所所学校蓬勃建成、一个个招商引资项目落地建设……完全不见当年荒草丛生、陈旧落后的面貌，取而代之的是充满生态气息、时尚气息、人文气息的现代化宜居之区。南部新区已经成为亳州加速崛起的新引擎，这不得不说是亳州人务实作风的具体表现。

创新，即解放思想、开拓思维、破旧立新。这是亳州迅猛发展的关键因素。新兴的城市要想迎头赶上不掉队，除了务实精神，更要有创新精神，人无我有，人有我优，人优我变，如此才能获得城市的可持续发展。一个不断激发创新精神的城市，势必释放出咄咄逼人的发展活力。而以创新精神融合务实精神，更能激发城市的发展劲头，使得亳州成为最具有潜力、最具有发展竞争力的新生城市。自古亳州大地上就不缺少创新精神，出生在亳州的老子、庄子，在百家争鸣中糅合百家学术之长，在诸子百家中独树一帜，表现了强烈的创新勇气。新时期，在城市管理、打造宜居之城中，亳州人敢于创先争优；在促进企业发展中，药都人努力变革创新；在农业发展领域，亳州人积极探索创新，顺应合作社发展需求，引导合作社开展横向联合合作，“抱团”闯市场，摸索出一条“合作社+直销店”的农产品直供模式；在思想道德建设领域，亳州人不墨守成规，大胆实践创新，建成推举好人的优良模式……创新是亳州市蓄势待发、勇争一流的生命力。

奋进，即斗志昂扬，积极进取，不甘于平庸，不甘于落后。这如同一针兴奋剂打在了亳州身上，激励亳州市持续发展、不断超越。“奋进”作为亳州的城市精神是最合适不过了。从贫穷落后的小县城晋升为安徽省新锐城市、安徽省最具发展潜力的城市、皖北旅游中心城市；从中华四大药都之一、全国中药材集散地升级为全球最大的中药材集散中心和价格形成中心；从2001年全市生产总值（GDP）164亿元增加到2017年的1184亿元，2017年全市GDP同比增长9.2%，领跑全省，增幅居全省第一位……这些成绩的取得与亳州人自我加压、不畏竞争、勇争上游的开拓意识和奋进精神是分不开的，体现了亳州人敢于拼搏、争创一流的决心和毅力。

综上所述，“厚德、务实、创新、奋进”是亳州历史、现实和未来的真实写照和有机理想。“厚德”是灵魂，起到统领和牵引作用，没有美德做根本，一切都无从谈起，一切发展以“德”为先，“厚德”的精神是“务实”“创新”“奋进”精神的风向标和力量源泉；“务实”是基础，只有脚踏实地才能推动城市向前，实现城市发展目标，“务实”的精神是“创新”“奋进”精神的奠基石和根本原则；“创新”是关键，是在全球化竞争中赢得一席之地、提高城市竞争力的本领，“创新”精神是亳州城市精神的关键词和驱动力；“奋进”是原则，想问题、做事情不气馁、不懈怠、不骄不躁，才能保持城市永恒的生命力。

城市精神对于亳州来说，是一扇大门，亳州透过这扇大门看世界，世界通过这扇大门看亳州。在中国特色社会主义进入新时代，亳州市正在大思路谋划发展，大手笔推进建设，大成效实现跨越，努力建设成为一座功能完善、辐射较强的区域中心城市，特色鲜明、产业发达的新兴工业城市，充满生机、生态良好的和谐幸福城市，工业化、城镇化、农业现代化齐头并进的全面发展城市，在“厚德、务实、创新、奋进”城市精神的感召下，亳州人团结一致向前看，不忘初心砥砺前行，朝着“活力亳州、美丽亳州、幸福亳州”目标不懈奋斗！

第二章　亳州城市精神的传统文化蕴含

第一节　亳文化的诞生

享有涡水岸边的“一颗明珠”之称的亳州依偎在淮河的支流涡水岸边，地处华东腹地、黄淮平原南麓、苏鲁豫皖结合部，史称“中州锁钥，南北要脊”，是历史文化名城、帝王之都、真人本土、华夏文明的发祥地之一。在古时候，亳州的区域要比今天广阔得多，历史上不仅包括今天的三县一区（涡阳、蒙城、利辛及谯城区），而且河南的鹿邑、永城等地也被它囊括其中。亳州由于自然地理的优势而成为地域文化交相融合、激烈碰撞的过渡地带。位于亳州境内的“中华原始第一村”尉迟寺遗址证明了亳州从新石器时代开始就与黄河中下游的龙山文化紧密相关。而商周时期的淮夷文化又与长江流域的楚文化东渐涡淮汇聚，促使中国开启了炎黄同尊、龙凤呈祥的时代。道家文化发端于涡水流域，南北文化互相撞击带来了其流派纷呈、蓬勃发展的局面。从秦汉至唐宋时期，由于江、淮、河、济“四渎”的沟通使得涡水流域的经济日益昌盛，文化更加繁荣。同时社会的动荡变革又导致这里成为南北人口迁徙的聚散之地。经过漫长的岁月变迁，得益于人口的流动、杂糅、联结和融合，南北文化在这个特定的地理环境中交相呼应，互相影响，排斥融合，逐渐形成了极具特色的地域文化，历史上曾经出现了先秦道家文化、三国曹魏文化、宋代欧阳修、梅尧臣文人咏唱三次大繁荣大发展的局面。

骏马秋风塞北，杏花春雨江南。自古以来，南北两种文化就风格迥异，截然不同。北方文化以齐鲁儒学为基础，呈现出刚烈、雄浑、苍劲的风貌；南方则以荆楚、吴越文化为基础，呈现出宁静、柔婉、清秀、丽盈的风格。特殊的地理环境和不同的社会结构形成了北方文化和南方文化各自不同的性格特点。淮河支流涡河位于黄淮之间，横贯豫皖两地，因此亳州被北方人称之为南方，被南方人称之为北方。亳州的文化由于特殊的地理位置而打上了地域的特色，融合过渡、兼容南北多种文化之精华，既有南方文化的婉约之风，又有北方文化的豪放之气，呈现出丰富的多样性和包容性。从地域文化的概念出发，我们把在这个区域大地上生成的文化称之为“亳文化”，她包括史前文化、帝都文化、老庄文化、曹魏文化、医药文化、休闲养生文化、宗教文化、红色文化、商贸文化、古井酒文化，方言民俗文化、饮食文化等等。亳文化是一个独立的地理文化单元，既有明显的地理空间和时间流程上的规定性，又有内容上的完整性，从实质上体现出我国南北文化在涡淮流域的融合，这样的融合又使其成为和其他区域文化相比较水平更高、内涵更丰富、范围更广泛的地域文化。亳文化是该区域内多种文化形态的总和，是长期以来社会历史的积淀，是生活在涡淮流域的亳地人们在漫长的岁月过程中日积月累创造形成的生存方式、生活经验、思维方式、价值观念、意识形态、风土人情、社会风貌、精神气质等的文化遗产。

亳文化历史悠久，辉煌灿烂，内容丰富，包罗万象，博大精深，意义深远。毫不夸张地说，迄今为止，除了齐鲁儒文化以外，似乎还没有哪一种地域文化能像亳文化这样丰沛地代表着中国文化的内容和形式，这样生动地象征着中国文化的起承转合，这样坚强地支撑着中国文化的实质和精神。从某种程度上来说，她不仅仅是一种文化样态，而是已经发展成为人们精神的共鸣和心灵的向往。心之所向，文之所指，化之所开。文化代表着一种精神，亳文化更是代表着亳州城市负重向前、亳州人民自强不息、不断超越永不止步的精神。

第二节　亳文化的发展

亳文化是中华优秀传统文化的重要组成部分。她以诞生成长的区域命名，是年代非常久远、内涵十分丰厚、积淀特别深刻的民族文化，是母亲河涡水哺育的最优秀最繁荣的地方文化。亳文化经历了五千多年的发展历程，至今已经成长为包罗万象、种类繁多、影响深远的文化形态。她包括史前文化、帝都文化、老庄文化、曹魏文化、医药文化、休闲养生文化、宗教文化、红色文化、商贸文化、古井酒文化、方言民俗文化、饮食文化等等。亳文化诞生地亳州，地处黄淮之间，华北平原南部，暖温带半湿润季风气候，宜业宜居，土地肥沃，是中国农业文明的发源地之一。5000 多年前这里就走进了农耕文明时代；3700 多年前，商汤在此建都。据考证，“亳”是由京和乇二字组成，它是帝王京都和社稷的所在地，也是殷商第一代王朝的京都和社稷之所在。

亳州是商楚文化的发源地。在亳州境内出土了十余处商文化遗址，证明商朝的农业十分发达。汤建立商朝，选址亳州之后，楚族也逐渐兴盛强大起来，由于饱受欺凌和压榨，楚族的反抗意识和进取精神十分强烈，经过长期艰苦卓绝的斗争，直到秦王朝建立之前的 400 年间，亳州一直是楚国的领地。源远流长的商文化和楚文化经过漫长的交汇融合，共同为亳文化的产生和发展奠定了坚实的基础。因此，可以说商楚文化是亳文化之根基。

春秋战国时代为亳文化的发育注入了新鲜的活力和丰满的血液。历史底蕴厚重的亳文化在这个时期展现出强劲的领导风范。

我国最早的诗歌总集《诗经》中记录了亳文化的痕迹。《诗经·国风》是十五个诸侯国的民歌。其中《商颂·玄鸟》就有亳远古文化的因子：“天命玄鸟，降而生商。”① 这句诗讲述的就是殷商之始祖契诞生的传说。《诗经·陈风》收录的是陈地的民歌，其中就包括亳地的民歌。“陈国在今河南淮阳，还包括河南省柘城及安徽亳县。”② 程俊英先生也在《诗经漫话》中如是说：“陈国在今河南淮阳、柘城和安徽亳县一带。”③ 因此我们得知，亳文化作为中华优秀传统文化的一分子为其繁荣发展提供了充足的养分。

老庄创作的哲学散文象征了亳文化的灵魂，发展了亳文化的地域特色。春秋战国时期，诸侯异政，诸家异说，政治上迎来了大变革大解放的新形势，也导致了百花齐放，百家争鸣。诸子百家纷纷通过不同的表达方式著书立说，大力宣传各自的政治思想主张。儒、墨、法诸家思想与社会现实紧密相连，其文多据事立论；而生于斯、活动于斯的老庄将荆楚的虚无风尚和荆楚神学吸收糅合到道家思想中，使道家哲理深邃高妙，想象神奇怪诞，情趣浪漫洒脱。老庄宣扬道法自然、无为而话，看起来与社会现实格格不入，实际上却是以哲学的思维方式认识现实，看清社会，充满了人生的哲理，在诸子百家中独树一帜。范文澜先生曾经说：“在马克思主义的唯物辩证法传入中国以前，

① 《诗经》，王秀梅译注，北京：中华书局，2015 年版。

② 金开诚：《诗经》，北京：中华书局，1980 年版，第 11 页。

③ 程俊英：《诗经漫话》，上海：上海古籍出版社，1984 年版，第 25 页。

古代哲学家中老子是杰出的无与伦比的伟大哲学家。”在中国传统文化中，道家以纯洁自然、深邃无比的思想与孔孟儒学并驾齐驱，推动中国社会的发展。

学术的繁荣与发展往往具有强烈的地域效应。道家思想的产生和发展也遵循这样的规律。涡河水养育了老庄，衍生了道家文化。出生在宋国的老子就生活在殷商文化积淀深厚的涡淮流域。老子思想中看似消极的因素来源于战乱频繁的社会现实，充满了化解现实矛盾、拯救现实危难的忧虑和考量。宋本殷商后裔，涡淮流域的夷祖与殷商同为鸟图腾。周代商以后，由于民族复仇，商、夷、周之间经常发生战事，再加上吴楚两国的争霸，导致涡水流域战乱不断，无一日安宁。老子在深刻总结商朝灭亡的教训后，针对长期战争造成的民不聊生的社会现实，为化解危机，便提出无为而治的政治主张，希望回到上古时期小国寡民、纯真质朴的理想状态中。由于恶劣的自然环境，开化较晚、落后贫穷的居住在涡水流域的部落生活异常艰难，食不果腹，民不聊生。面对这样的社会现实，老子提出：“以吾人为腹不为目，故去彼取此。”① “无为”的思想正是承认人类在大自然面前非常渺小、无能为力、要顺应天地，不可蛮干的明智表现。老子将荆楚的虚无风尚和荆楚神学吸收到道家思想中去，使道家哲理深邃高妙，想象神奇怪诞，情趣浪漫洒脱。

道家思想的第一位继承人是尹喜。根据《史记》，老子西出函谷关时，将五千言《道德经》赠送给尹喜。尹喜感其恩德，来到老子故里定居，潜心研究“黄老道德之术”，一心想要将老子的思想发扬光大。可惜后来他并没有做到，也没有对老子思想作进一步地阐发，更没有将老子思想运用到现实生活中去。真正对老子思想的传承和发展作出杰出贡献的是他的老乡庄子。

庄子和老子仅一县之隔。老子出生在涡阳，庄子出生在蒙城，相距不远，同在亳州境内，淮河流域沿岸。庄子生活的年代比老子生活的年代更加动荡不安，“争城之战，杀人盈城；争地之战，杀人盈野。”② 庄子所属的宋国更是四分五裂，国将不国。在这样的社会背景下，庄子非常渴望能够远离战争，摆脱困境，逃离现实，实现思想上、精神上、心灵上的自由和解放。因此，他极其崇拜道家思想，从心理上特别容易接受道家学说，渴求“其然彷徨尘垢之外，逍遥乎无为之业”。庄子对老子的思想进行了创造性的、极致的发挥和运用，并且发展成为傲然独立的道家学派。在百家争鸣中庄子极力宣传道

---

① 《老子》，饶尚宽译注，北京：中华书局，2006年版，第28页。

② 《孟子·离娄上》

家思想，同其他学派展开一次又一次激烈地辩论和争执，目的就是想把道家思想推向社会的统治地位。

此后的历朝历代中涌现出了大量继承和弘扬道家思想的代表人物，例如魏晋时期的嵇康和五代宋初的陈抟。嵇康和老庄是同乡，出生在谯嵇山（今亳州市涡阳县），是“竹林七贤”之一，道家思想的坚定捍卫者和传播者。他“能谈理，又能属文，其高情远趣，率然玄远”，“刚肠嫉恶，轻肆直言”。在《与山巨源绝交书》中嵇康明确表示：“老子庄周，吾之师也。”《嵇康集》的内容具有浓厚的老庄思想色彩。之后五代宋初的亳州人，号称“希夷老祖”的陈抟更是将毕生精力奉献给了道家学说的研究，甚至他的名“抟”和号“图南”均来源于庄子的“逍遥游”。易学、诗歌、书法、自然科学、养生学……陈抟无不精通。他潜心于精神领域的探索，多求宇宙造化之秘；对道教理论、道家气功乃至当时的王朝政治，均有自己独到的见解，深受宋太祖赵匡胤的赏识。他开创了“三教合一”的陈抟学派，丰富和完善了老庄道家思想。

正如陈鼓应先生所说：“纵横整个中国哲学及整个传统文化史，虽然各种思想自战国以后就形成了道、儒、墨、法、名、阴阳等各家思想相互渗透的局面，但其中起主要作用的则是道家。至于中国文学史、艺术史、美术史和宗教史受老庄的影响，更是远大于儒家。”① 总而言之，从老子到庄子，再到嵇康、陈抟等，道家人物层出不穷，道家学派繁荣昌盛，从战国走出来，逐渐走向全国，走向世界。这是涡河的文明、亳州的骄傲、亳文化的强烈优势。因此，将亳州视为世界道文化中心毫不为过。

亳文化在汉末魏晋时期再次迎来了发展的高峰。魏晋时期是我国文化史上继春秋战国之后出现的第二次百家争鸣、思想大解放的时期。这时候涌现出一批在我国文化史上占据显著位置的文人墨客，诞生了以曹氏父子为代表的曹魏文化。曹魏文化代表了亳文化的风骨。曹氏父子文韬武略，充满才情，爱好艺术和文学创作。凭借政治上的优势和出众的文学修养，曹氏父子在当时的文坛产生了强大的凝聚力和吸引力，那些因社会动乱而流亡于各地的文士先后游息于曹氏政权的根据地邺城，围绕在曹氏父子身边，形成一个盛极一时的邺下文学集团。他们日夜宴请，吟诗作赋，抒发悯时伤乱、济世救民的情怀，掀起我国文学史上文人创作的高潮，开创一代文学新风气，具有划

① 陈鼓应：《老庄新论》，上海：上海古籍出版社，1992 年版，第 310 页。

时代的意义，为亳文化增添了轻灵洒脱的风格。“邺下风流”“建安风骨”，这是历代学者给予曹魏文学的高度评价。范文澜先生也称赞道：“大抵文学史上每当创作旺盛的倡导者，曹操、曹植正是这样的两个人物。”① 三国文化的繁荣独在“曹魏”是有多方面的原因的。一方面是前面所谈及的区域悠久的文化传统与深厚的文化土壤是曹魏文化成长壮大的人文地理基础，东汉末年士风的转变更直接促成了众多文人志士以文学为价值取向，然而更为重要的一点是政治势力助长了曹魏文化的大繁荣。

政治势力与地位首先体现在帝王之乡。亳是魏武帝曹操的家乡，是魏文帝曹丕的陪都，与许昌、长安、洛阳、邺城并称“五都”，地位极其显赫。曹操是个“非常之人，超世之杰”②，他以相王之尊，挟天子以令诸侯，文武并施，总御皇机，鞭挞宇内，以“周公吐哺”自况，企盼“天下归心”。曹操又笃好斯文，《三国志·武帝纪》注引《魏书》云：“创造大业，文武并施。御军三十余年，手不舍书，昼则讲武策，夜则思经传，登高必赋，及造新诗，被之管弦，皆成乐章。”③ 这都为曹魏政权奠定了厚实的人文基础。曹氏家族基因优秀，多产奇人文士。曹操的儿孙如曹丕、曹植、曹叡等也才华横溢，想象力和创造力无与伦比。曹丕称帝后继承父亲的功业，发誓要做一个像曹操一样的明君。同时，他的文学造诣也非常高。他所创作的《典论·论文》是我国第一篇文学理论专著，《燕歌行》是我国第一首完整的七言诗，被王夫之夸赞为“倾情、倾度、倾色、倾声，古今无两”④。曹子建则是我国第一个大量创作五言诗的诗人，其诗“骨气奇高，辞采华茂。情兼雅怨，体披文质，粲溢古今，卓尔不群”⑤。在曹氏父子的影响和带动下，曹氏家族人文氛围浓厚，文人辈出，能文善笔之士居多。据严可均《秦汉三国六朝文》和逯钦立《先秦汉魏晋南北朝诗》统计，曹氏自曹操起至六代止，高达15人有作品传世。同时与曹氏有密切血缘关系及特殊政治地位的夏侯氏也多产善文之人，有5人之多。曹氏父子开创的帝王家族长期坚持文学创作的传统，极大地拔高了文学创作的地位，对中国文学的发展与繁荣产生了极为深远的影响。正

① 范文澜：《中国通史简编》，石家庄：河北教育出版社，2000年版，第252-253页。
② 陈寿：《三国志武帝纪》，北京：中华书局，2008年版，第55页。
③ 河北师范学院中文系：《三曹资料汇编》，北京：中华书局，1980年版，第2页。
④ 河北师范学院中文系：《三曹资料汇编》，北京：中华书局，1980年版，第69页。
⑤ 钟嵘《诗品》卷上。

如郭沫若先生所指出的："在这儿我们不能不认定是政治的力量做背景，假使没有曹操和曹丕的尊重文士与奖励文学，绝对不能够集中那样多人才，也绝不能够收获那样好的成绩。"①

曹操不仅在建安文学上发挥了领袖风范，而且还积极倡导促成建安医学文化。建安初年，他把当时著名的方士召集在一起，组成一个方士集团，形成了以华佗为代表的建安医学文化。谯人华佗是建安医学的创始人，他轻禄傲贵，淡泊名利，钻研医学，医术高明，医德高尚，拯救苍生，被中医学界尊称为"华佗老祖"，中医外科"鼻祖"、神医。他发明的外科专用麻醉药物"麻沸散"，是世界医学史上实施全身麻醉进行手术治疗的最早记录，早于西方 1600 多年；他创设的养生健身操"五禽戏"，开创了我国体育医疗运动之先河；他引入种植业的野生药材极大地提高了药材的产量和质量。从此以后亳州人种植中药材蔚然成风，中药材种植业逐渐发展成为亳州的主要农事之一，延续至今。因此可以这么说，华佗对建安医学文化的贡献，不亚于曹氏父子对建安文学的贡献，建安医学与建安文学在我国文化史上有着同等重要的地位。建安之后的正始年间，和曹氏血脉有亲缘关系的夏侯玄把推崇礼数的儒家学说和崇尚自然的老庄思想糅合在一起，发展成为早期玄学的领袖、"正始之音"的高手。他的文章辞旨通远，流行一时。

到了唐宋朝代，亳文化的发展丝毫不逊色于魏晋时期，同样呈现出繁荣昌盛的文化景象。唐代政论家李敬玄是亳州人，擅长著书立说，针砭时弊，成果累累，留给世人大量的文集，包括著名的《礼论》《正论》及文集三十卷。李绅是李敬玄的曾孙子，关心老百姓的疾苦，痛恨无情的社会现实，创作出闻名于世的《悯农》诗两首，被誉为"悯农诗人"，他的《莺莺歌》和元稹的《莺莺传》相得益彰，互增光彩。才华横溢的李绅和白居易、元稹等倡导的诗歌革新运动史称"新乐府运动"，主张恢复古代的采诗制度，用新题撰写时事。唐玄宗时期著名的大画家曹霸是曹操的后代，他能文善画，艺术素养颇高，享有"文如植武如操字画抵丕风流"的美誉。他早年曾师从于卫夫人、王羲之学习书法，后转向绘画，精于画马，所画"御马"活灵活现，形象逼真，深得朝廷的喜爱，同时期的著名诗人杜甫更是对其赏识有加，一度为其创作《丹青引增曹将军霸》和《韦讽录事宅曹将军画马图》诗两首，

① 郭沫若：《历史人物》，北京：中国人民大学出版社，2005 年。

表达敬佩和欣赏之情。在宋朝，来亳州做官的很多文人雅士如欧阳修、曾巩、晏殊、梅尧臣、鲁有开、宋京等都活跃在文坛，极大地促进了文学创作的大繁荣大发展。

元明清时期，亳文化的光彩逐渐暗淡，再也不见昔日辉煌灿烂的踪影。这多半是由于当时封建政权的更迭导致文坛上的寂寥和文人的落寞。文化繁荣的景象一去不复返。然而，黑暗的政治统治催生了元代戏剧的兴盛。在元朝90年短暂的统治期间，诞生了大约200名杂剧作家。他们纷纷以杂剧为武器直指封建统治阶级的丑恶嘴脸，呼唤人民群众勇于反抗、敢于斗争、猛烈批判现实社会、大胆追求新生活。元代前期，除了杰出的关汉卿和王实甫以外，亳州还有一位孟汉卿。他创作的著名杂剧《磨合罗》通过描写张鼎勘案的故事反映了封建官吏贪赃枉法、欺压老百姓、不为民做主的社会现实，表达了人民群众渴望清正廉明、渴求自由光明的思想，深深地影射了元朝腐朽不见天日的政治统治。这部《磨合罗》在当时影响极大，被明代的《太和正音谱》称颂为“词势非笔舌可能拟，真词林之英杰”；被明初戏曲家贾仲明的《凌波词》褒奖道：“已斋老叟播声明，表字相同亦汉卿。磨合罗，一段题张鼎，运节亦脉情。有黄钟商调新声，喧燕赵，响玉音，于做多行。”后世更是将孟汉卿和关汉卿相提并论。明朝亳州名人薛惠自小聪明伶俐，博览群书，12岁时就能诗能文，性格清高孤傲，为人刚正不阿，为官忠诚无私。他不仅著作颇丰，尤喜欢钻研老庄思想，著有《老子集解》《庄子论》等书籍，而且兴趣高雅，擅长栽培牡丹花。在明朝，亳州是我国的牡丹种植基地。亳州牡丹以薛氏常乐园中栽培时间最早、数量最多、品种最全。薛惠喜爱牡丹至极，著有《牡丹史》一书，书中对牡丹的品种和花样的描写和记录十分详细，是一部集文学性、艺术性和技术性于一体，非常宝贵的园林花卉学著作。薛惠的侄孙薛凤翔也是个博学通达、酷爱牡丹之人，他开辟数百亩土地大量种植牡丹，汇聚天下之名品。

值得一提的是，明清时期亳州的商业文化非常发达。“商贩土著者十分三四，其余皆客户，北关以外列肆而居，每一街为一物，真有货别对分气象。关东西山左右江南北百货汇于斯，分亦于斯，客民既集，百物之精目，染耳濡故，居民之服食器用亦杂五方之习。”① 这充分说明了当时亳州商业的繁华

① 《道光·亳州志·卷一》

景象。主要原因在于，第一，亳州的地理环境优越，交通十分便利。地处南北交界，“平原旷野，土沃壤饶，水路四通五达而无崇山峻谷之险阻。”① 亳州自古就有“南北通衢，中州锁钥”之称。东接江淮文化区，北靠中原文化区，又得益于涡河水运之利，极大地促进了地域之间的交流，为发达的商业活动奠定了坚实的基础。第二，亳州的货物资源充足。药材、丝绸、印染纺织品等历代皆为贡品。亳州自产的贡酒、贡枣、蜂蜜、核桃、柿饼、毛毡、皮革以及棉麻织品等和南北商人带来的盐、糖、竹、木、茶、麻、干果、铁、煤、山窑杂货等等使得亳州成为一座药材集散、百货交流、名副其实的商贸都会。明清时期的亳州享有“小南京”的美称，“生意兴隆通四海，财源茂盛达三江”。四面八方的巨商富贾汇聚在亳州，建立了大大小小的会馆，有山陕会馆、两湖会馆、福建会馆、浙江会馆、辽宁会馆、江西会馆等31座，目的是为了促进交流、相互扶持、祈福保佑、多多盈利。其中最为著名的当属山陕会馆，也就是闻名遐迩的花戏楼，如今已经发展成为全国重点文物保护单位，国家AAAA级旅游景区。保存完好的还有江宁会馆，同样见证了亳州这段历史时期的昌盛。在民间还流传着“四码头、八市、四大街、七十二条街、三十六条巷、七大家八大户”的传说。明清时期商业文化的繁荣促成了饮食文化的发展。除了本地的小吃以外，各地的客商也都把家乡的菜肴带到亳州，名吃荟萃，美食云集，亳州成为美食的天下。饭店餐馆林立，各色小吃丰富，南北风味群集，还成立了膳食业会馆，那时的亳州与南京、开封并列为清朝三大名吃都会。

第二节　亳文化的特质

一、自然和谐

道家文化的鼻祖老子提出“上善若水”，水纯洁自然，至柔至弱，善利万物而不争，甘居低处而不鸣；同时老子又借助“婴儿”表达了其柔弱思想，告诫人们退为守、静为上，返回到无欲无求、混沌质朴的天然状态最有利于

① 《顺治·亳州志》

生存。道家代表人物庄子主张顺应自然，回归自然，返璞归真，强调人与自然的和谐，追求心灵的宁静，其思想学说为亳文化的形成奠定了根基。魏晋时期，自然和谐成为文化主流，代表人物就是竹林七贤中的嵇康。嵇康虽然颇有政治抱负，但是由于他出生时正是魏晋易代之交，政治斗争十分残酷，他深感生不逢时，不情愿地走上了蔑视礼法、越名教而任自然的道路。相较于“六经”，老庄的思想学说是嵇康的心头好，给予他强大的精神慰藉和现实的解脱。他一生发表了 53 首诗，均表现了诗人的高洁情趣与特立特行的品格。嵇康以他的诗文、品格和人格魅力较好地体现了亳文化的“自然和谐”特质。养生文化崇尚简单自然，反对繁杂纷扰，重在天地相生，阴阳相调，动静相宜，日出而作，日落而息，以“自然和谐”的生命观和生活态度教会人们珍爱生活，珍重健康，认真生活，注重生活质量，永葆青春和活力。饮食文化向来以绿色、天然为宗旨，以清淡、健康为要义，吃出来的食材要干净，吃出来的身体要健康，吃出来的交往要自然，吃出来的感情要和谐。自然和谐是中华优秀传统文化的永恒追求，也是亳文化的重要特质。

二、积极进取

这是亳文化的又一重要特质。道家文化中象征大道的“水”具有无坚不摧、顽强不息、顺势而为、滴水穿石的勇敢个性，深刻传递着积极进取、无所畏惧的精神。曹魏文化中，以曹氏父子为代表的大批文人志士在战火频发、民不聊生的年代为拯苍生于水火，救社稷于危难，纷纷建功立业，著书立说，表现出超凡的勇气和过人的胆识。曹操积极投身于平暴除乱、安时济世的时代潮流中，为开创一个崭新的时代而勇猛奋战。他的一些乐府诗如《对酒》《短歌行》《观沧海》等即表现了志在千里、胸怀天下的情怀和勇于开拓、敢为天下先的精神。其子曹丕、曹植都有“济世拯物”的愿望和“建永世之业、流金石之功”的远大理想，他们这时期的诗作如《白马篇》《名都篇》《黎阳作》等，都散发出以天下为己任的积极救世精神和破旧立新的进取风貌。他们以悲悯的热情和实际行动为唤醒人们在忧患中不甘沉沦、奋发进取、勇于改变现状、创造新未来做出了积极的努力和先进的表率。白酒文化同样给人积极向上、发愤图强的力量和榜样。白酒文化的主要代表者古井贡酒从建安时期就已经作为贡品而名扬天下，之后在漫长的岁月中经历了千锤百炼，始终斗志昂扬，不甘落后。梅花香自苦寒来，新中国成立后，分别在 1963 年、1979 年、1984 年和 1989 年的全国评酒会上连续蝉联金牌，勇夺“四连冠”，古井贡酒并没有因为傲人的成绩和辉煌的历史而沾沾自喜、停滞不前，反之，乘胜而上，加快发展，主动求变，不断革新，到今天已经成长为安徽省酒企第一名、中国白酒第五名，中国制造业500强企业。古井贡酒的发展史就是一部积极进取、力争一流、不断攀登高峰的励志史。

三、开放包容

得益于南北交汇的先天的地理位置优势，亳文化自诞生起就与生俱来地带有兼容并蓄、开放活跃的特质。老庄思想和曹魏文化是最好的例证。

首先来分析老庄思想的产生和发展。春秋战国时期，百花齐放，百家争鸣，社会思想空前解放，社会风气空前松弛。亳州处于东西南北文化的交汇点，儒、墨、法等各家风起云涌，文人墨客纷纷著书立说，到处游说讲学。这个地域不但是老庄的生长活动之地，也是当时各家争鸣的互动大舞台。老庄在百家争鸣中注重聆听各路的不同声音，吸纳各家学术之长，逐渐形成了独具特色的道家文化。不仅如此，老庄思想还积极与周边学派交流互动，实现互补。老庄家乡的东部，有发达的齐鲁文化的代表儒家、墨家和稷下学派，在当时又是显学，对老庄影响极大。在先秦典籍中，《庄子》《礼记》《吕氏春秋》等记载了儒道学术交流一事，即孔子问礼于老子这一事实，这说明孔子受到老子的启发和影响。学术交流是互动的，同样老子也会从儒学中受到启发，如尚柔贵谦、处下不争等思想，过去有人说老子为楚人，受南方楚文化的影响所致。但在楚文化中找不到文字根据，却在周文化、儒文化中能找到来源。所以陈鼓应先生说："老子受易经的影响要大于孔子。"韩愈《送王秀才序》云："盖子夏之学其后有田子方，子方之流而为庄周，故周之书，喜称子方之为人。"章学诚也持同样的看法："荀、庄皆出于子夏门人。"（《文史通义》）由此可见庄子与儒学的密切关系。正因此，章太炎先生曾认为"庄生传颜氏之儒，述其进学次第"（《菿汉昌言》卷一）。郭沫若先生也接受了这个观点，认为庄子出自颜氏之门。墨家虽说是庄子批判的对象，但是其思想也为庄子所用。如《逍遥游》中论及的"无所可用"即是对《墨子·亲士》中提出的"万物有用了就会夭折，人太有用了就会多灾多难"的深层次阐发。亳的西部是法家的产生地，远离老庄。表面上看，两种思想似乎相互矛盾，实际上，他们有共通之处。"道"与"法"的共同特点就是不偏不阿，公而不党。因此，法家要求人们一切按法办事，法无亲疏；道家要求人们一切按道即事物的规律办事，道也无亲疏。只不过他们对"道"与"法"的具体内涵解释方式不同而已。正因为如此，司马迁做人物传记时将“老庄申韩”同传，并说“申子之学本于黄老而主刑名。……韩非者，韩之诸公子也。喜刑名法术，而其归本于黄老。”（《史记·老子韩非列传》）这说明司马迁也看到了道、法两家的相通之处。总而言之，老庄思想广泛借鉴和吸收了儒、法、墨等学派之所长，是包容开放和独立发展的结晶。

曹魏文化诞生于新时代自由的环境氛围中，呼吸着轻松开放的学术空气，表现出强烈的豪放不羁、开放不保守的性格。作为叱咤风云的一代英雄，曹操善于高瞻远瞩，在总结军事政治斗争实际经验的基础上，广泛吸取各家思想之长，形成自己的思想。本着“天地间，人为贵”的思想，曹操反对“劳民为君，役赋其力”（《度关山》），希望通过“王者贤且明，宰相股肱皆贤良”的治理，实现“民无所争讼”“咸礼让”“吏不呼门”的“太平时”（《对酒》）。曹操虽然激烈抨击虚伪的名教，但他并不真正排斥儒家。他颁布的一套政治纲领就是以原始儒学，尤其是孟子的民本说为主，兼取法家的犯法“轻重随其刑”，墨家的“兼爱”“尚同”，将王、霸之道合而为一体，实现在登记制度下的仁政。晋傅玄曾给武帝上疏曰：“近者魏武好法术，而天下贵刑名。”《文心雕龙·论说》载：“魏之初霸，术兼名法。”都是说明此意的。曹丕和曹植两兄弟也遗传了曹操的优秀基因，广采良言，取长补短。曹丕称帝的第二年，即下诏祭奠儒家的祖师孔子，修孔庙，起孔裔，崇周礼，立太学，正祀典。他推崇汉武帝为君之道，立志做一个“宽仁弘厚，躬修玄默，以俭率下，奉生送终，事从省约”的仁君。通过曹丕施行的一系列整治措施我们也看到了他崇尚儒家的实际行动和觉醒：广询民间，求贤礼士；广议轻刑，以惠百姓；止复仇，禁淫祀；薄赋税，罢墓祭；多次遣使者巡行各地，问民间疾苦，赈济灾民，灾异之作亦不归于股肱大臣等，不愧为“旧式明君的典型”。他“慕通达”“尚黄老”，也是众所周知的。曹丕的《折杨柳行》一诗通过叙述游仙一事表达了不拘礼法、自由放达的性格，“任性而行，不自雕励，饮酒不节”，继承了道家崇尚自然、逍遥自在的品格。由于“愿得展功勤，输力于明君”的理想和封建宗法制的现实之间的矛盾，曹植“仰老庄之遗风”的心态在他的诗词歌赋中表露无遗，“忧生之嗟”“轻禄傲贵”“名秽我身，位累我躬”（《七启》）。这位师承儒学、渴望建功立业的封建贵公子终究蔑视名禄权势，不满皇朝贵族，追求人格的独立和思想的解放。

第三章 亳文化哺育亳州城市精神

亳州这座历史文化名城，在3700多年的历史长河和劳动人民的伟大创造中留下了厚重繁多、光辉灿烂、永久铭刻的历史文化痕迹，其优秀的人文精神激励着600多万亳州儿女勤劳朴实、自强不息、脚踏实地、维新淳厚，用智慧和谋略耕耘建设着亳州大地这片热土。因为有了优秀的传统历史文化，这座城市才有了温度，有了厚度。历史的脚步刚刚迈进21世纪，亳州就被批准为省辖市，同时被评为全国优秀旅游城市，迎来了深入发展、持续改革、赶超跨越的大好时光。厚德、务实、创新、奋进的亳州城市精神生长于亳州源远流长的历史河流之中，扎根于灿若繁星的传统文化之中，取材于博大精深的城市资源之中。亳文化是亳州城市精神之根，是亳州城市精神之魂，是亳州城市精神之母体；亳州城市精神是亳文化的核心和代言。亳州城市精神发端于亳文化，孕育于亳文化，滋养于亳文化，传承和创新于亳文化，浓缩了亳州的过去，描绘了亳州的现在，统筹于亳州的未来。亳文化和亳州城市精神相得益彰，互相映衬，共同展现了亳州古老而又年轻的城市形象，增添了这座充满生机和活力之城的生动魅力。

第一节 亳文化塑造亳州人纯良厚德的品格

厚德，彰显了亳州悠久的崇尚道德的历史。在中国传统文化中，美德如肥沃的土壤滋润着传统文化这棵大树枝繁叶茂、绿树成荫、硕果累累。儒家主张构建知、仁、勇“三达德”，倡导“以德服人者，中心悦而诚服也”，“君子以仁存心，以礼存心”；道家提倡“上善若水”；法家重视道德对于治国的作用……人无德不立，道德在对人的价值评判中居于首位；君子以厚德载物，品行高尚的人必定是一个洁身自好、热爱他人、热爱自然、热爱社会的忠义之人。“厚德”是中华优秀传统文化的要义和精髓，也是亳文化的灵魂。“厚德”统摄亳文化的发展方向，决定亳文化的发展内涵，构筑亳文化的发展品格。作为中华民族古老文化发祥地之一的亳州，5000 多年前即已进入农耕文明时代；3700 多年前，商汤建都于此。“厚德”更如血液一般流淌在每一位亳州儿女的身上，滋养着每一位亳州儿女的心灵。

一、仁良贤德的汤王

汤王是我国古代最有德性的圣君之一，他宅心仁厚，有勇有谋，唯才是用，广施仁政，深受老百姓的敬仰和爱戴。在汤攻灭夏朝之前，就有很多诸侯、方国和百姓闻其好名声而自愿投奔于他。汤顺应民心，一举灭夏，革了夏桀之命，“汤武革命，顺乎天而应乎人”。民间流传的“桑林祈雨”“网开三面”和“汤见伊尹”的故事就是成汤仁慈厚德的最有说服力的证明。

相传商汤灭夏之后不久，适逢连年旱灾，颗粒无收，老百姓苦不堪言，生活难以为继。汤王十分心疼百姓，亲自以自身作牺牲祈雨，“断发文身，以自己为牺牲，祷雨桑林。”[①] 祈雨之时，汤王身穿粗布衣裳，披头散发，身背白茅，双手高举过头顶，仰天大喊：“苍天啊，如果我为政不仁，那是我一人的罪过，请不要连累百姓啊！如果老百姓有罪，也请将罪转移到我身上，由我一人承担。不要因为一个人触犯了苍天，而使牛鬼蛇神做出伤害劳苦大众的事啊！”说完，成汤便信步走上熊熊燃烧的柴堆，双目微

汤王祈雨

① 亳州市政协编《亳州文史资料》第五辑，1992 年，第 120 页。

闭，甘愿受罚。突然天空黑沉，狂风肆虐，大雨滂沱，“民乃甚悦，雨乃大至”[①] 为民祈福，天之动容！“桑林祈雨”的故事象征了黎民百姓对仁德明君的仰慕和歌颂，令人动容！

传说有一次汤王外出巡察，发现在一处茂密的森林里有一个农夫正在撒网捕鸟。网撒遍了东南西北四个方向。只见这个农夫将网撒好后，首先双手合十虔诚地拜了拜天，然后跪在地上，口中念念有词：“求上天保佑，网已挂好，愿天上飞下来的，地下跑出来的以及从四面八方跑来的鸟兽都进入我的网中。”汤王见到如此情景，慨叹道：“只有夏桀才能如此网尽矣！这样撒网定能完全捉尽啊！可是如此方式太过于残忍了！”于是汤王赶紧让人把网撤掉了三面，只保留一面，并且诚心诚意地对着网祷告：“天上飞的，地下走的，想往左跑的就往左飞，想往右跑的就往右飞，不听话的，就往网里钻吧！”汤王起身又对农夫和随从们谆谆告诫：“万物皆有生命，对待禽兽也要有仁德之心啊！不能捕尽捉绝，因为不听天命的只是少数，我们要捕捉的就是那些不听天命的啊！”农夫深受感动，从此以后撒网只撒一面。诸侯和百姓们听说此事以后都交口称赞，夸奖成汤是个贤良的君主。中华成语“网开三面”的典故由此而来。[②]

《墨子》中叙述了这样一件事，汤王想要去见伊尹，就让彭氏的儿子备马驾车。半路上彭氏的儿子问汤王要去哪里，汤王说：“我要去见伊尹。”彭氏的儿子不解：“伊尹只是一个小奴隶而已，您要去见他，何必亲自前往啊，只要下令吩咐一声就得了，而且您能下令召见他就已经是他的福气了。”成汤严肃地说：“你不懂这其中的道理。打个比方，如果有这样一种药，人吃了之后会耳聪目明，那我肯定喜欢吃，因为对身体好啊！而我现在要去见的伊尹就好比这样一种药，因为他对治理国家有很大的帮助。你不让我去见伊尹，那就是不想让我和商国好啊！”话音刚落，汤王就让彭氏的儿子下车，自己驱车前往了。汤王直率正义有智慧，实乃后人之典范者也！

二、一代贤哲老子

老子的《道德经》蕴含了丰富的人生哲理，短短五千言为世代后人锤炼思想品格、感悟生存法则、涤荡心灵共生指明了方向，在2000多年的历史长

---

① 《吕氏春秋·顺民篇》

② 《史记·殷本纪》

河中生机勃发、历久弥新。据联合国教科文组织统计，《道德经》是除了《圣经》之外被译成外国文字发布量最多的文化名著。

涡阳老子骑牛雕塑

老子在第八章提出“上善若水”的思想：

上善若水。水善利万物而不争，处众人之所恶，故几于道。居善地，心善渊，与善仁，言善信，政善治，事善能，动善时。夫唯不争，故无尤。①

这段话的意思是最善的人好像水一样。水滋养万物而不与万物相争，且总是处于人们不喜欢的地方，所以最接近于“道”。居于低洼之地，心胸宽容沉静，为人团结友爱，说话诚实守信，为官治理四方，做事发挥特长，行动把握时机。最善的人所作所为正因为有不争的品行，所以没有过失也不会落得别人抱怨。老子将善行比作水，这是多么朴实无华而又内涵深刻的道德观啊！

在第十章老子曰：

载营魄抱一，能无离乎？专气致柔，能如婴儿乎？涤除玄鉴，能无疵乎？爱民治国，能无为乎？天门开阖，能为雌乎？明白四达，能无知乎？②

精神和形体合二为一，能够不分离吗？聚结精气以致柔和，能够像婴儿

① 《老子》，饶尚宽译注，北京：中华书局，2006年版，第20页。
② 《老子》，饶尚宽译注，北京：中华书局，2006年版，第24页。

一样吗？涤荡心灵清除杂念，能够没有瑕疵吗？爱民治国能遵循无为而治的规律吗？感官与外界的互动，能够保持宁静吗？通达四方，能够认为自己无知吗？

在本章中老子将大道之人比作婴儿，是有深刻寓意的。在《道德经》中老子不止一次地谈到婴儿，包括使用“孩”和“赤子”词语表达同一内涵，共有六次之多。例如在第二十章老子讲到：

唯之与阿，相去几何？美之与恶，想去若何？人之所畏，不可不畏。荒兮，其未央哉！众人熙熙，如享太牢，如春登台；我独泊兮，其未兆。沌沌兮，如婴儿之未孩；儡儡兮，若无所归。众人皆有余，而我独若遗，我愚人之心也哉！俗人昭昭，我独昏昏；俗人察察，我独闷闷。……众人皆有以，而我独顽且鄙。我独异于人，而贵食母。[①]

应诺和呵斥，相差有多远？美丽和丑恶差别有多大？人们所畏惧的，不能不畏怯。这风气在辽阔的天地间向来如此，仿佛无休无止。大众熙熙攘攘、兴高采烈，好像在享受盛大的宴席，好像春天登高远望；只有我淡泊宁静，无动于衷。混混沌沌啊，如同婴儿还不会发出笑声；疲倦懒散啊，好像无处可依。大家都有剩余，唯独我好像什么都不充足，我真是有一颗愚钝的心啊！众人锋芒毕露，只有我糊涂混沌；众人精明严苛，只有我宽厚淳朴。大家都所有作为，只有我愚昧而笨拙。我和大家与众不同的关键是我得到了“道”。

在二十八章老子这样论道：

知其雄，守其雌，为天下谿。为天下谿，常德不离，复归于婴儿。……知其荣，守其辱，为天下谷。为天下谷，常德乃足，复归于朴。朴散则为器，圣人用之，则为官长，故大制不割。[②]

深知自己雄强却甘为雌弱，做天下的小溪流。做天下的小溪流，永恒的德不离身，便能恢复到婴儿状态。深知自己洁白却甘愿受辱，是天下的空谷。做天下的空谷，永恒的德才能充足，恢复到质朴的状态。质朴分散为各种器皿，圣人使用这些器皿，就可以做百官之长，所以完美的制度是不会伤害老百姓的。

---

① 《老子》，饶尚宽译注，北京：中华书局，2006年版，第49页。

② 《老子》，饶尚宽译注，北京：中华书局，2006年版，第71页。

我们再来看第四十九章：

圣人常无心，以百姓心为心。善者，吾善之；不善者，吾亦善之，德善。信者，吾信之；不信者，吾亦信之，德信。圣人在天下，歙歙焉，为天下浑其心。百姓皆注其耳目，圣人皆孩之。①

这段话的意思是：圣人通常是没有私心的，而是以天下老百姓的心为心。对于善良的人，我善待他；对于不善良的人，我也善待他，这样就能够得到善良，从而使人人向善；对于诚信的人，我信任他，对于不诚信的人，我也信任他，这样就得到了诚信，从而使人人守信。得道的圣人在其位，收敛自己的欲望，使天下的老百姓心思归于混沌质朴。老百姓都只专注于自己的精明欲望，而圣人则使他们返回到婴儿般纯洁质朴的状态。

还有第五十五章：

含德之厚，比于赤子。毒虫不螫，猛兽不据，攫鸟不搏。骨弱筋柔而握固，未知牝牡之合而朘作，精之至也。终日号而不嗄，和之至也。知和曰常，知常曰明。益生曰祥，心使气曰强。物壮则老，谓之不道。不道早已。②

人饱含深厚的德，就像婴儿一样。蜂虿之类的毒虫不蜇刺他，虎豹之类的猛兽不抓伤他，鹰隼之类的凶禽不能搏持他。婴儿筋骨柔弱而拳头紧握，不知男女交合生殖器却能勃起，这是精气充足的原因。每日号啕嗓子却不哑，这是和气充盈的缘故。懂得和气叫永恒，懂得永恒叫明白。有益于养生叫祥和，放纵任性叫逞强。事物发展到盛壮之时就要衰老，这不符合道。不符合道就会提早消亡。

为什么老子如此钟情于“婴儿”呢？因为“婴儿”寄托了老子的大道思想，抒发了老子对道德理想的探求、对生命本体的敬畏和对自然道源的感悟。在老子眼里，婴儿代表了至真至纯，至善至柔，至美至明。在老子的学说体系中，如婴儿般柔弱是非常重要的哲学思想，是通达大道的可贵品质，是值得称赞的美好德行。在人们普遍的价值观中，刚强是一种美德，从小到大我们听到无数次这样的声音：“勇敢站起来，要坚强！”“别认输，让自己强大起来！”“怕什么，做一个刚强的人！”……在这样的激励下，我们逐渐学会了争

① 《老子》，饶尚宽译注，北京：中华书局，2006年版，第119页。
② 《老子》，饶尚宽译注，北京：中华书局，2006年版，第133页。

强好胜、永争第一、不断竞争、绝不服输，直到横冲直撞、遍体鳞伤，甚至为达目的不择手段……然而老子反其道而行之，他认为，刚强容易损伤，柔弱能够保全，婴儿如此柔弱反而不会受到外界的侵害。想象一下，舌头和牙齿哪个更容易受损？毫无疑问，牙齿！坚固的牙齿在人年老古稀的时候自然脱落，而舌头安然无恙；大树和小草哪个更耐得住狂风暴雨？毋庸置疑，小草！大树在大风中极易连根拔起，而小草扎根土壤，自得其乐。正如老子在《道德经》第二十二章所言："曲则全，枉则直，洼则盈，敝则新。"什么意思呢？很好理解，台风袭来，小草平安稳固，这是"曲则全"；起跑前必先弯曲身体方能冲向前方，这叫"枉则直"；湖泊甘居下游却能海纳百川，这是"洼则盈"；枯木凋零等待来年春生，此曰"敝则新"。因此，表面看似柔弱，实则生命力旺盛，坚强不屈，百折不挠，百毒不侵！"守弱者强"，"柔弱胜刚强"（第三十六章）。

万物盛极，就会走向极端，走向衰退，走向反面。正所谓"强大处下"（第七十六章）、"物壮则老"（第五十五章）、"坚强者死之徒"（第七十六章）、"强梁者不得其死"（第四十二章）、"勇于敢则杀"（第七十三章）。有些人一直是生活的强者，在众人眼里一直是个成功者，然而一旦遭遇挫折就自怨自艾，自卑自怜，甚至自我了断。为什么科学研究表明女性的平均寿命比男人长呢？如果从女性多柔弱男性多刚强的因素去理解会不会很受启发呢？老子教育我们，水很柔弱，可是看不见摸不着，无法伤害到它；风很柔弱，但是无影无踪，功力深厚，人类自叹不如；光、气等物质很柔弱，然而价值连城，谁都不能没有它们；婴儿很柔弱，结果让奶粉霸王们不得不低头赔罪，令世界人民为之伤心落泪！"人之生也柔弱，其死也坚强；草木之生也脆弱，其死也枯槁。故坚强者死之徒，柔弱者生之徒。是以兵强则灭，木强则折。强大处下，柔弱处上。"[①] 在本章中老子谆谆告诫我们，人活着身体柔软，死后身体僵硬；草木生长时脆弱，枯死后干硬。因此，坚硬强大的东西属于死亡一类，柔软弱小的东西属于生存一类。所以，军队逞强就会遭遇灭亡，树木粗壮就会被人砍伐。强大者处于下方，柔弱者处于上方。如此看来，生命应回到婴儿般柔弱纯真的状态，才是最有生命力、最原始完美、最坚强不催、最有无穷潜力、最适宜生存下去的。柔弱是一种优秀的品质，是一种高超的

① 《老子》，饶尚宽译注，北京：中华书局2006年版，第182页。

艺术。值得强调的是老子的“柔弱”思想并不是“软弱无能”的表现，在《道德经》中自有证明：“胜人者有力，自胜者强（第三十三章）”也就是说，战胜别人的人是有力量的，而战胜自我的人是强大的。一个软弱无能的人根本不可能战胜自我！赢得别人容易，而战胜自我困难！正所谓，最大的敌人是自己。

“柔弱”的美德在今天物欲横流、生存压力剧增、人与自身之间、人与人之间、人与自然之间、人与社会之间矛盾层出不穷的现代社会中非常可贵，值得大力弘扬。做人应如此，“以柔克刚”“大智若愚”“退一步开阔天空”，大丈夫能屈能伸，小女子可曲可直！

三、和圣君子柳下惠

亳州市利辛县出了一位大名鼎鼎的正人君子柳下惠。柳下惠（公元前720年—前621年），姓展，名获，字禽（据说又字季，故又称柳下季），谥号惠，食邑柳下，是鲁孝公的儿子公子展的后裔。他为官直言公道，为人耿直正派，忍辱而含垢，坐怀而不乱，堪称道德典范，孟子美其名曰“圣之和者也”，可为“百世之师”，亳州市利辛县因此也被誉为“和圣故里”。

利辛和圣柳下惠雕塑

《左传》《国语》中记载了不少柳下惠在鲁国为官的先进事迹，展现了他擅长辞令、精于政道、办事公正、为人正直的形象，是一位不可多得的政治活动家。

《左传》曰：

夏，齐孝公伐我北鄙，卫人伐齐，洮之盟故也。公使展喜犒师，使受命于展禽。①

《国语·鲁语上》对上述事例有更详细的记载：

齐孝公来伐鲁，臧文仲欲以辞告，病焉，问于展禽。对曰："获闻之，处大教小，处小事大，所以御乱也，不闻以辞。若为小而祟，以怒大国，使加已乱，乱在前矣，辞其何益？"文仲曰："国急矣！百物唯其可者，将无不趋也。愿以子之辞行赂焉，其可乎？"展禽使喜以膏沐犒师。②

这段话的意思是，齐孝公意欲出兵讨伐鲁国，鲁国执政大臣臧文仲想通过外交途径平息战事，苦于自己没有能力因而求助于柳下惠。柳下惠临危受命，文思泉涌，奋笔疾书，晓之以理，动之以情，拟定好了外交辞令以后又让其擅长口才的弟弟展喜做说客前往。齐国终因无言以对而撤兵，鲁国自此转危为安。柳下惠出色的政治才能由此可窥见一斑。

《国语·鲁语上》又云：

海鸟曰爰居，止于鲁东门之外三日，臧文仲使国人祭之。展禽曰："越哉，臧孙之为政也！夫祀，国之大节也；而节，政之所成也。故慎制祀以为国典。今无故而加典，非政之宜也……"文仲闻柳下季之言，曰："信吾过也，季子之言不可不法也。"使书以为三策。③

这段话可以这样理解：一只名叫"爰居"的海鸟在鲁国的东门外徘徊了好几天，不肯离去。鲁国的执政大臣臧文仲就叫老百姓都去祭祀它。柳下惠却说："臧氏治国逾越了礼教啊！祭祀乃是治国理政的重要制度，而制度是国家昌盛的基础，因此应谨慎地制定关于祭祀的典章制度。现在无缘无故地祭祀一只海鸟，于治国理政实在是不适宜呀。"臧文仲虚心接受了柳下惠的批

① 杨伯峻：《春秋左传注》，北京：中华书局，1981 年版，第 439 页。
② 徐元诰：《国语集解》，北京：中华书局，2002 年版，第 151 页。
③ 徐元诰：《国语集解》，北京：中华书局，2002 年版，第 162 页。

评，并把他的话刻在竹简上，誊写三份，以供鲁国大臣参阅。

《国语·鲁语上》还记载了这样一件事："夏父弗忌为宗，蒸，将跻僖公。"意思是说，在鲁文公二年，执掌祭祀的伯宗夏父弗忌为了讨好鲁文公竟然违背礼制，将僖公的牌位置于闵公之上。事实上，鲁国的君主是闵公在前，僖公为继，按照正常的宗庙祭祀规矩，鲁闵公应居于僖公之上。柳下惠对于这种不守礼法之事大肆批判，直言不讳：

夏父弗忌必有殃。夫宗有司之言顺矣，僖又未有明焉。犯顺不祥，以逆训民亦不祥，易神之班亦不祥，不明而跻之亦不祥，犯鬼道二，犯人道二，能无殃乎?①

由是观之，柳下惠性格直率，刚正不阿，办事公道，公私分明，具有较高的政治觉悟。

儒家经典中多次提及柳下惠道德高尚，品行正派，是位正人君子。孔子对柳下惠赞赏有加。《论语·微子》曰："柳下惠、少连，降志辱身矣。言中伦，行中虑，其斯而已矣。"② 意思是指，尽管柳下惠遭遇排挤，人格受到侮辱，但是这并不能消磨他的意志。他只是说话有分寸、三思而后行，仅此而已。

孟子和荀子笔下的柳下惠也是品行端正的圣人形象。《孟子·万章下》曰："柳下惠，圣之和者也。"根据《孟子·公孙丑下》记载：

柳下惠，不羞汙君，不卑小官。进不隐贤，必以其道。遗佚而不怨，厄穷而不悯。故曰：尔为尔，我为我，虽袒裼裸裎于我侧，尔焉能浼我哉！故由由然与之偕而不自失焉，援而止之而止。援而止之而止者，是亦不屑去已。③

这段话的主要意思是赞扬柳下惠自控能力强，即使有人在他身边赤身裸体，他也无动于衷。

《荀子·大略》曰："柳下惠与后门者同衣而不见疑，非一日之闻也。"后门，指傍晚关闭门户。后门者指的是因关闭门户而无家可归者。衣，这里指覆盖物或遮蔽物。柳下惠与这位无家可归之人共同盖一床被子而没有发生

---

① 徐元诰：《国语集解》，北京：中华书局，2002 年版，第 165-166 页。

② 朱熹：《四书章句集注》，北京：中华书局，2003 年版，第 185 页。

③ 朱熹：《四书章句集注》，北京：中华书局：2003 年版，第 240 页。

任何事情，没有引起别人的猜疑，足以见得柳下惠的人品值得信赖。荀子并没有明确道出与柳下惠“同衣”之人是男性还是女性，不过民间广为流传的两个故事版本中都说是一位女性。

第一个版本：在一个寒冷的冬夜，柳下惠在城门边夜宿，偶遇一名无处可去的女子，冻得嘴唇发紫，直打哆嗦，于是他就把大衣解开，让她坐在自己怀里取暖。两个人就这样度过了一夜而没有发生任何不雅的行为。柳下惠“坐怀不乱”的美誉由此而来。第二个版本：有一年夏天，展禽外出偶遇大暴雨，看见一座古庙就飞奔过去避雨。不曾想刚一踏进庙门就看见一个女子赤裸着身体在拧湿衣服，展禽赶紧掉转过头，跑到庙外，站立在门外一颗老槐树下，任凭风吹雨打。这个女子被柳下惠的举止感动不已，将此事告知亲戚乡邻，从此一传十，十传百，“坐槐（怀）不乱”，传为佳话。

故事的真实性在西汉的毛亨那里得到了佐证。西汉毛亨注释《诗经》曰：

> 鲁有男子独处于室，邻之嫠妇又独处于室，夜暴风雨至而室坏，妇人趋而托之，男子闭户而不纳。妇人自牖与之言曰：“子何为不纳我乎？”男子曰：“吾闻之也，男子不六十不间居，今子幼，吾亦幼，不可以纳子。”妇人曰：“子何不若柳下惠然？妪不逮门之女，国人不称其乱。”男子曰：“柳下惠可，吾固不可。吾将以吾不可，学柳下惠之可。”①

上述文字描述了这样一段故事：鲁国有一个男子独处一室，邻居是个寡妇，也独处一室。有一天夜里，大暴雨把寡妇家的房子摧毁了，寡妇想在男子家借宿一晚，男子不给开门，寡妇不解地问：“你为什么不给我开门呀？”男子说：“我听说男女不到60岁不能同居，现在我还年轻，你也年轻，所以不能让你进来。”女子说：“那你为何不能像柳下惠那样，用身体温暖受寒的女子而没有非分之想，别人也不认为他有非礼的行为呀。”男子说：“正因为我做不到像柳下惠那样，所以不能给你开门。”

无论是史书记载还是坊间流传，柳下惠正人君子的形象已深入人心，千百年来广为传颂，人们视他为道德楷模，争相模仿。孟子给予柳下惠极高的评价，赞美他不因君主不圣明而阳奉阴违，不因位高权重而欺上压下，不因官职卑微而懒政懈怠，不因蒙受冤屈而怨气满腹，不因穷困潦倒而放纵堕落，虚伪奸诈的人见了柳下惠会变得诚实大度，尖酸刻薄的人见了他会变得宽容

① 王先谦：《诗三家义集疏》，北京：中华书局，1997年版，第717页。

厚道，孟子将柳下惠、伯夷、伊尹和孔子并称为“四大圣人”，更是将柳下惠赞誉为“和圣”。柳下惠为官做人处世的高贵品质对于当下提高党员领导干部的道德情操和政治素养具有非常重要的学习价值。

四、济世神医华佗

神医华佗医术高明，医德高尚，不攀权附贵，视荣华为粪土；不阿谀奉承，视名利为浮云；心系百姓，志在为民除疾；钻研医术，只为治病救人。华佗出生年月不祥，只知其于208年被曹操杀害。根据后汉书记载，华佗“年且百岁而犹有壮容”，推测其大约出生于公元109年。华佗，名旉，字元化，沛国谯县（今亳州市谯城区）人，是东汉末年杰出的医学家。

少年时期的所见所闻影响了华佗的一生。少年时华佗亲身经历了东汉王朝的腐败无能，战乱、瘟疫连年频发，老百姓深陷在水深火热之中，终日不得安宁，生活难以为继。爱家爱国的责任感和使命感促使华佗选择了从医济世。纵使沛相陈珪、太尉黄琬先后举荐他去朝廷做官，他都婉言谢绝。华佗的一生像赤脚医生一样行医民间，乐于奉献，足迹遍布黄、淮各地，远至广陵（今江苏扬州）、山阳（今山东金乡县西北）、许都（今河南许昌）等地，受到老百姓的深深爱戴。

亳州华佗像

通过长期的刻苦钻研，华佗发明了麻醉药物麻沸散。《后汉书·华佗传》中详细记录了华佗使用麻沸散给病人全身麻醉做腹腔手术的全过程：“若疾发结于内，针药所不能及者，乃令先以酒服麻沸散，既醉，无所觉，因刳破腹背，抽割积聚。若在肠胃，则断截湔洗，除去疾秽，既而缝合，傅以神膏，四五日创愈，一月之间皆平复。”华佗是世界医学史上应用全身麻醉实施医疗手术的第一人，领先西方国家1600多年。华佗因此被称为“外科圣手”“外科鼻祖”。

除了擅长外科，华佗还精通针灸术。据《三国志》记载，华佗特别会选取穴位，“若当灸，不过一两处，每处七八壮，病亦应除。若当针，亦不过一两处。”虽所选穴位不多，但是正中要害，疗效甚高，手法非常好，可谓是“针到病除”。传说有一次，一个病人两只脚都不能走路，四处求医都没有治好，不远千里找到了华佗，华佗只是在他脊柱两侧点了几十个穴位，每穴灸十壮，灸后病人立刻就能正常走路了。根据多年的临床经验，勤于动脑的华佗发明了“夹脊穴”，也就是现在医学上常讲的“华佗穴”。

内科也是华佗的强项。华佗善于察言观色，通过观察病人的面貌、形色、病状等来判断疾病的性质和轻重缓急。他能够透过现象看本质，由表及里，及时准确发现病因，辩证诊治，对症下药。据《后汉书》记载，有两个病人都头痛发烧，症状相似。华佗经过精心诊断，给一人开了泻药，给另一人开了发汗药。在旁的人迷惑不解，追问华佗原因。华佗解释说：“他们两个人虽然症状相似，但其实一人患的是外实（感冒），另一人患的是内实（伤食），由于病因不同，所以开的药方也不同呀！”众人这才恍然大悟。那两个病人各自按方服药，病很快就好了，当真是“药到病除”。

华佗不但努力治病救人，而且特别注重疾病的预防。他积极呼吁人们锻炼身体，增强体质，以预防疾病的侵害，不要等到疾病找上门来才重视健康。他认为：“人体欲得劳动，但不当使极耳。动摇则谷气得消，血脉流通，病不得生，譬如户枢终不朽也。”[①] 意思就是，人体需要经常活动，只要不过量就行。运动可以使食物得到充分地消化吸收，可以使血脉畅通，这样就不会生病了，就像一直活动的门枢不会生锈一样。经过坚持不懈的探索，华佗发明了养生健身操五禽戏。“吾有一术，曰五禽之戏，一曰虎，二曰鹿，三曰熊，四曰猿，五曰鸟，亦以除疾，并利蹄足，以当导引。”[②] 华佗说：“我有一套方法可以养生，叫五禽戏，模仿虎、鹿、熊、猿、鸟的动作和姿势健身，能够祛除疾病，有利于腿脚灵活。”如果“体有不快，起作一禽之戏，沾濡汗出，因以著粉，身体轻便，腹中欲食。”[③] 如果身体不舒服，站起来做一套五禽戏健身操，让身体发汗，顿时就会感觉身体轻松，肠胃消化有饥饿感。华佗的学生吴普坚持常年练习五禽戏，健康长寿牙口好，“年九十余，耳目聪

① 《三国志·魏书·华佗传》
② 《三国志·魏书·华佗传》
③ 《三国志·魏书·华佗传》

明，齿牙完坚。"[①] 五禽戏健身操对世界医学运动产生了深远的影响，是中国医学对世界做出的伟大贡献。

华佗乐于育人，诲人不倦，无私奉献，他秉持有教无类的思想，凡学者必教之，凡教之无保留，因此向他学习者很多，趋之若鹜，这样一来他的医学成就也得以一代又一代地流传。尽管后来华佗被曹操困在囚牢含恨烧掉了他毕生的心血著作，但是他的徒弟们继承了他的遗志，纷纷著书立说，将他的医学精神、医学理论和实践发扬光大。在他的众多徒弟中，吴普、樊阿和李当之最为出色。吴普编写《华佗药方》，著有《吴普本草》；樊阿专攻针灸术；李当之著有《李当之药录》《李当之本草经》等书籍。

华佗的一生淡泊名利，勤奋务实，心怀天下，胸襟伟岸，以拯救苍生为己任，以百姓安康为理想，只可惜得罪了自私狭隘的曹操，被其杀害再也无法施展他治病救人的抱负。华佗和曹操本是同乡，曹操犯有头疼病，华佗经常为其治疗，每治则愈，但容易犯病，很难除根。曹操硬是强留华佗做其侍医，华佗志在行医民间，不愿只为一人服务，曹操便恼羞成怒将其打入大牢并残忍杀害。一代神医就这样陨落在一个心胸狭窄的统治者手中，令人扼腕叹息！华佗死后，各地老百姓为了纪念他纷纷兴建华祖庙。亳州市华祖庵，又叫华佗庙，华佗纪念馆，位于谯城区永安街中段路北，东邻三神庙和神农衣冠冢，南邻曹操的斗武营。因华佗庙的历代住持皆为女僧，故又称华祖庵。1961 年，郭沫若先生亲笔题写"华佗纪念馆"馆名。1981 年，华祖庵被安徽省人民政府公布为全省重点文物保护单位；2010 年，华祖庵被全国旅游景区质量等级评定委员会评为 AAA 级旅游景区。

五、孝行典范花木兰

巾帼英雄花木兰的故事可谓家喻户晓，妇孺皆知。花木兰是顶天立地的女英雄，中华民族的好儿女，她的名字也成为女中豪杰的代名词。古人云："忠孝不能两全"，而花木兰则成忠成孝，君亲两无所负。花木兰的孝心和孝行彰显了家国情怀。

花木兰，姓魏，字木兰，乳名花弧，西汉谯郡（今亳州）东魏村人。她自幼习武，尤工剑术。汉文帝时（前 166 年），北方匈奴犯境，朝廷在天下广泛征兵，花木兰的父亲按汉初兵制未满六十五岁，必须奔赴前线，而其年迈

① 《后汉书·华佗传》

体衰，无力征战，家中只有一女花木兰和尚未成人的小儿子。花父苦于家中没有成年的儿子，甚是烦恼。花木兰为了保全父亲，毅然决定女扮男装，替父从军，“自闺中悯其父老，即洗铅粉，脱梳珥，变戎服，贯甲胄，趋赴军中。”① 在与敌作战中，花木兰骁勇善战，屡建奇功，十二年的军队生活磨炼了她的顽强意志，从戎卒到将军，尽管很辛苦，但是花木兰毫无怨言，竭力隐藏身份，始终没有让别人知道她是个女子。朝廷念她功勋卓著，拟封她为尚书郎，留她在朝廷做官，但花木兰婉言拒绝，辞封拒赏，返回家乡侍奉双亲。

花木兰的英雄气概不同于一般的小女子流连于儿女情长，她思考的是如何解决家中大事和国家大事。“问女何所思？问女何所忆？女亦无所思，女亦无所忆。”在古语中，“思”和“忆”通常被解释为“思虑婚事”“想念情人”的意思，“木兰呀，你在想什么呢？是不是在想自己的婚事呀？你在思念谁呢？是不是在想念情郎呀？不，不是的，木兰也不是在考虑自己的婚事，也不是在想念情郎呢。”事实上，花木兰忧虑的是如何使年迈的父亲免去征战之苦，而且她已经考虑好了，“愿为市鞍马，从此替爷征。”小小年纪就能有如此胆识，做出惊人举动，不得不说花木兰非常孝顺，忠孝两全；身为女子在封建社会能乔装成男子从军打仗，不得不说花木兰极其勇敢，智勇双全；立下赫赫战功却辞封拒赏，急于返乡照顾父母，不得不说花木兰十分高洁，淡泊名利。

亳州木兰祠雕塑

花木兰辞官回到家乡事亲终身，死后葬于故里，在唐代被追封为“孝烈

① 河北省完县孝烈将军庙元代碑刻碑文《汉孝烈将军记》。

将军”。今亳州市谯城区城东南魏园村立有木兰祠，祠南侧是木兰的出生地魏园，祠北侧是木兰墓（魏园孤堆），还有“木兰还乡”汉白玉石雕像和刻有《汉孝烈将军花木兰记》的石碑，供世人凭吊瞻仰。木兰祠内苍松环护，翠竹成林，春牡丹，夏芍药，秋金菊，冬腊梅，四季飘香，风景宜人。每逢四月初八（木兰生日），木兰家乡都会举办祭祠、庙会等活动以表达对花木兰的崇敬和怀念之情。

颂扬花木兰的诗词历朝历代不胜枚举，其中当数唐代韦元甫的《木兰歌》、杜牧的《题木兰庙》、白居易的《题木兰花》，明代何出光的《木兰词赛神曲》、吴姚奎的《木兰歌》等最为出名。全国各地祭祀花木兰的庙宇也很多，比较著名的有安徽亳州木兰祠、河北完县（今顺平县）木兰祠、河南虞城县木兰祠、湖北黄陂木兰祠、陕西延安万花山木兰祠等。百善孝为先，孝为德之本。花木兰的精神传遍了祖国大地，感染了每一位中华儿女。花木兰实为新时代女性树立了光辉的典范，谁说女子不如男？女子不仅在家撑起半边天，在社会中也可以和男子一样做出英雄豪杰的事业。新时代中国特色社会主义的伟大事业为广大女性搭建了施展的舞台，开辟了广袤的天地，创设了无限的可能，革除封建落后思想，消除男女有别偏见，积极奋斗，争取权利，女性同样可以做出巨大的贡献，在世界大舞台中绽放无限的光彩！

六、永世其芳的亳州知州朱之琏

在亳州花戏楼的东侧，有一栋名为“朱公书院”的建筑，里面端坐着一尊严肃有神的塑像，这尊塑像的原型就是曾任亳州知州十八年之久的朱之琏。“朱公书院”本是亳州人为其建的生祠。在古代，生祠是为品德高尚或恩德厚重的活人建立的祠庙，供人奉祀。

朱之琏，字商玉，号苍严，康熙年间生人，相传为明太祖朱元璋裔孙，出自代简王朱桂一支。明崇祯时，其祖父朱彝为洪承畴监军，洪承畴军败，朱彝被俘降清，隶镶白旗下。据《光绪·亳州志》记载，朱之琏为人忠厚，清正廉明，二十岁就当上了福建建阳县令，得到人民群众的拥戴和朝廷的认可。之后升任四川忠州知州，当时忠州“井邑空虚，田畴荒芜”，他“省刑薄税，节食用，减仆从，躬问民疾苦”，很快恢复了社会生产，人民得以安居乐业。

康熙三十一年（1692 年），朱之琏担任亳州知州，当时有人劝他说，亳

亳州朱公书院

州地区民风彪悍，重武轻文，不好治理，还是不去为妙。朱之琏却慷慨表示，为政之要在于因地制宜，不能带有成见。上任伊始，朱之琏访农家，察民情，捉地痞，惩恶棍，众多奸猾之人皆被慑服，悔过自新，从此以后再也没有人敢胡作非为，社会风气清正，老百姓规规矩矩。现在亳州有一出名为《三板正堂》的梆剧，表演的就是当年朱之琏惩凶扬恶的故事。

为官期间，他“绝请托，寡宴会，铁面寒霜”，深受老百姓敬仰。为教化民众，他又捐钱重修奎壁楼，类似书院或文化宫性质的，选拔一些知识分子在那里诵读讲学，营造浓厚的学习氛围，培养民众的读书习惯。渐渐地，社会风气为之改变，百姓打架斗殴的少了，尊礼循法的多了。

几年后，朱之琏因为在担任建阳县令期间的一些小事所累，朝廷打算将其降职调任。亳州民众知道后，奔走呼告，请求留任，一时间将公署围得水泄不通。朱之琏无奈地告诉乡亲们：“朝廷的命令不能违抗，乡亲们请回吧。”无奈之下，大批群众奔赴省城请求中丞范觐将朱之琏留任亳州。范中丞被人民群众感动，遂将民众的愿望向朝廷转达。康熙皇帝法外开恩，将朱之琏留任亳州。消息传来，亳州城欢声震天。留任期间，朱之琏更加廉洁勤政，爱民如子。于是，老百姓在一起商量，知州早晚是要升迁调任的，他的大恩大德不能忘记，应该建造一座祠堂来感念他的恩德。

康熙三十七年（1698 年），乡绅民众集资为朱之琏建造了一座祠堂，曰“朱公祠”。但朱之琏感到自己“以薄德牧斯土，体圣主忧劳、百姓之意，愧未称职”，受到民众如此拥戴有些担待不起，于是决定把祠堂改为书院，以供乡民读书之用。

后来，康熙皇帝南巡，朱之琏三次奉旨随行，得到康熙皇帝的青睐。康熙四十六年（1707 年），朱之琏升为安庆府同知。当时有人想再次请求皇帝将其留任，但乡亲们普遍认为，他这次调任是升迁，是荣誉，不能阻拦。临行之时，老百姓含着眼泪，带着果蔬、酒肉，夹道送行，“涡水两岸无隙地”。

康熙四十八年（1709 年），黄河泛滥，亳州被大水淹没，民不聊生。巡抚知道朱之琏在亳州威望较高，甚得民心，于是征召朱之琏到亳州赈灾，就这样，他再一次出任亳州知州。又一次来到亳州，看到穷苦潦倒的民众，朱之琏潸然泪下，感慨道：“吾子弟乃穷困至此矣”。为了加快救灾进度，他一边向朝廷申请赈灾物资，一边设法筹措粮食，不分昼夜地奔波在救灾一线，很快便使老百姓度过了灾荒。

三年后，朱之琏又被调回安庆，在那里任职长达六年。后来被推荐出任直隶宣化府知府。十年后，因为奉公守法，口碑良好，特调任正定府知府。

雍正年间，为显示朝廷“兴灭继绝”之意，朝廷访求明代后裔，找到朱之琏。雍正二年（1724 年），封朱之琏为“一等延恩侯”，隶属正白旗，世袭罔替，负责祭祀明代皇陵。雍正八年（1730 年），朱之琏因病去世。

乾隆七年（1742 年），亳州又遭灾荒，其子朱震（一说朱霖）以部郎的身份监理江南赈灾事宜，来到颍州府（当时亳州隶属于颍州府）。知道此事后，亳州民众扶老携幼夹道欢迎。大家纷纷表示，这是当年大德知州的后人。想当年，知州为了老百姓劳心劳力，赈灾济困，几十年后，他的儿子又来救济。大家围着朱震，观其形貌，与朱之琏无异。当问到朱之琏的现状，得知其已去世很久，乡亲们难掩悲痛，痛哭流涕。

为官一任，造福一方。朱之琏前后两次担任亳州知府，克己奉公，尽心尽力，长达十八年，虽然他在亳州留下的文字记载并不多，但是从群众请愿将他留任，为其建立生祠等事例中，我们能够感知到亳州人民对他的赞誉和留恋。亳州至今仍有“宁断油钱，不断朱公香火钱”的说法。由此足以见得朱之琏对亳州的功德之厚，功劳之大，亦可见亳州人民对其感念之深。

第二节　亳文化锤炼亳州人勤劳务实的品质

务实，即实事求是，脚踏实地，规规矩矩地按照事物的发展规律去做事，老老实实地秉持善良品行去为人，不浮夸，不虚伪，不追求华丽的外表，不追逐无谓的虚荣，踏实做事，真诚为人。亳文化能够取得如此辉煌灿烂的成绩靠的就是一步一个脚印的求真品格；亳州这个城市能够历经磨难、华丽蜕变靠的就是一笔一个痕迹的务实精神；亳州人能够饱经风雨书写精彩人生靠的就是自强不息、稳扎稳打的勤劳气概。“务实”在亳文化的深刻内涵中既包括说话真，做实事的含义，又包含勤奋苦干、勇创业绩的意味，更蕴含热爱生活、珍爱生命的觉悟。

一、言论真的道家学派

在中国传统文化中，儒道两家都推崇“诚”，但道家在推崇“诚”的同时更突出“真”，因为真是“诚”的极点。《道德经》中三次谈到“真”，《庄子》中“真”字出现65次（除了人名“季真”），足以见得道家思想对“真”的重视程度。在《庄子·渔父》中，孔子和渔父有这样一段对话：

孔子愀然曰：“请问何谓真?”客曰：“真者，精诚之至也。不精不诚，不能动人。故强哭者，虽悲不哀，强怒者，虽严不屯，强亲者，虽笑不和。真悲无声而哀，真怒未发而威，真亲未笑而和。真在内者，神动于外，是所以贵者也。”①

“客”指渔父。孔子悲伤地问渔父：“请问什么叫做真?”渔父回答：“真，是精诚的极致。不精不诚就不能感动别人。所以勉强哭泣的人，虽然悲痛却并不哀伤；勉强发怒的人，虽然严厉却并不威严；勉强亲善的人，虽然笑容满面却并不和善。真正悲伤的人即使没有哭泣的声音也很哀伤，真正发怒的人即使不发作也很威严，真正亲善的人即使不笑也很和善。真性存于内心，精神流露在外，这是本真可贵的原因。”

真是真性情，是人的天性，是天然的本性，没有人工掩饰和虚伪造作；

① 陈鼓应：《庄子今注今译》（下），北京：中华书局，2016年版。

反观儒家思想，对人的真性情进行各种各样的加工和修饰，以“礼”代替“真”，拘泥于世俗礼法，多了几分矫揉造作，少了几分纯真天然。“礼者，世俗之所为也；真者，所以受于天也，自然不可易也。故圣人法天贵真，不拘于俗。”《渔父》篇通过渔父对孔子礼乐人伦思想的批判，阐述了道家顺乎天性、崇尚自然、保持本真的思想。“真”与“假”树敌，哪里有“真”，哪里就有“善”和“美”；“假”往往与“恶”和“丑”为伍，“假”出现的地方，必然有“恶”和“丑”相伴。因此，通往真善美的崇高境界以“真”为入口。真者，既能感天动地，又可避免被世俗左右而随波逐流；真者，既能顶天立地，又能不被利欲熏心而取财有道；真者，既能上天入地，又可逃离功名利禄而不忘初心。在当今市场经济条件下，不少人为了一个“钱”字，弄虚作假，背信弃义，不择手段，坑蒙拐骗，无恶不作，失去了做人的底线，违背了良心的意愿，放弃了道德的操守，忘记了为人的根本。道家的“返璞归真”思想在当代具有十分重要的现实意义。

二、做实事的枭雄曹操

前文论到的利辛“和圣”柳下惠为人正直，直言不讳，为官清廉，刚正不阿，直言敢谏，敢于说真话，说实话，说硬话，不怕得罪高官权贵，不怕丢掉官位功名，是务实的模范。被称为“非常之人，超世之杰”的曹操，也敢于说真话，做实事，讲究实效。

亳州曹操雕塑

曹操征服北方之后，有些人心怀妒忌和怨恨，常常攻击他垂涎帝位，图谋不轨。其实凭借强大的政治、军事实力和个人才干，曹操完全可以产生“不逊之志”，做“不逊之事”，以魏代汉，取而代之称帝称霸。但是出于国家统一安全的考虑，他始终没有这样做。从曹操的行文风格可以窥见他的真性情。他在文中信笔直书，毫不掩饰地将心事一吐为快：“设使国家无孤，不知有几人称帝，几人称王”，“江湖来静，不可让位，至于邑上，不得而辞。”语言多么实在！性格多么直率！孙权曾上疏劝他称帝，他举着书信，当着众多大臣的面直言不讳地说：“孙权这小子让我蹲在火炉上挨拷。”非常直接明了，没有半点虚伪造作！文如其人，曹操的文笔一如他的性格。写诗作文，他主张朴实无华，“作敕戒当作事而语”（刘勰《文心雕龙·诏策》），“为表不必三让，又勿得浮华。”（《文心雕龙·章表》）他的书、笺、令、表等，或惜故友，或感叹岁月，或念忆游，或褒举功臣，或陈述情怀，或谈论得失，倾吐的都是真心话，实实在在，毫无掩饰之词、矫揉造作之情。因为真实记录了汉朝的社会现实，曹操的诗歌如《蒿里行》《薤露行》等均被称赞为“诗史”。其他诗歌也风格一致。所以元代陈绎曾说“凡读汉诗，先真实，后文华”，“凡读建安诗，于文华中取真实”。（《诗谱》）由此可见，曹操为人做事，从实际出发，讲究实效，畅快淋漓；写诗作文，“修辞立其诚”。曹操的这种务实作风和精神影响了他的子孙后代，泽被后世，在今天深入践行五大发展理念、加速亳州崛起、奋力走在皖北振兴前列的征途中具有非常重要的现实意义。

三、勤奋苦练的二夹弦

亳州人民通过勤奋刻苦的努力，在艺术文化领域创造了不朽的业绩，戏曲、音乐、舞蹈、书法、绘画、剪纸等种类繁多，异彩纷呈，繁荣了我国艺术文化宝库，丰富了老百姓的精神文明生活。二夹弦和剪纸等艺术形式经过长期的历史发展深深地融入老百姓的日常生活，提升了老百姓的生活质量，这和艺术工作者的辛勤耕耘是分不开的。

二夹弦起源于河北，发展于山东菏泽，曾在苏、鲁、豫、皖四省边界广泛传播，距今已有两百多年的历史，是我国的稀有剧种。一经传入亳州，就得到了迅猛发展，形成地方特色，经久不衰，深受老百姓的喜爱和追捧，如今已经发展成为亳州最受人民群众欢迎的两大剧种之一。

二夹弦伴奏乐器主要是四胡，四胡上的四根弦每两根分别夹一束弓上的马尾，如此弹奏音乐，二夹弦的名字由此得来，也叫“两夹弦”。表演形式富有特色，最初演唱时只有两三个人，伴奏乐器是一面手锣、一个棒子、一个挎在腰侧的凸肚花鼓；后来发展成为七八个人，伴奏乐器采用民间唱小曲时用的四弦胡琴。演员农闲时聚，农忙时散。演出剧目多为生活小戏，角色只有生、旦、丑，一般没有戏妆。旦角演戏时用红绸或红布扎个绣球系在胸前，生角、丑角则用彩绸束在腰间，没有繁杂的行头。这种非常接地气、亲民的

亳州二夹弦演出

表演形式受到了老百姓的热烈欢迎。老百姓越喜欢，演员们表演热情就越高，不计较钱财，只要老百姓需要，想看，演员们不管多累多忙也尽量满足老百姓的需求。二夹弦从诞生起就扎根在乡间田野，活跃在老百姓中间，因此也深深地扎根在老百姓的心中。

二夹弦唱腔优美，颇具特色。现在的唱腔来源于“纺纱小调”，糅合了黄河船歌、渤海沿岸的渔民号子、打夯号子及民歌小调，吸收了花鼓、梆子、琴书等民间歌舞、戏曲的音乐营养，经世代艺术创造逐渐形成了二夹弦独具特色的艺术唱腔。演唱技法上以大本嗓子吐字（唱词），假声拖腔，即句尾采用鼻音和胸音的有机结合，模仿手工纺车音色的特殊效果，形成真假声频繁交替的声腔特色。唱腔不拘一格，会随着剧情的变化而变换，曲调分板腔、曲牌两类，板腔类有大板、二板、三板、滚堂、捻子、顶帘、珍珠倒卷帘、三棚沿、垛子、呱嗒嘴、钻子、苦迷子、山坡羊、娃娃腔、砍头句、梅花弄子、连环扣、九连环、一串铃、大官腔、铜器垛等，牌子类有蹚四河、撑船调、锯缸调等。二夹弦重唱工，善于抒情，发音柔和，音调甜美，花腔委婉动听，极富抒情性与感染力，使人越听越舒服，越听越过瘾，越听越着迷。民间流传很多俗语赞美二夹弦的优美唱腔，“撕绫罗，打茶盅，不如二夹弦哼一哼”“二夹弦哼一哼，不穿棉袄能过冬”“不吃不穿不过年，也要去听二夹弦”……这些民间俚语传递了人民群众对二夹弦的喜爱之情。

二夹弦最初传入亳州是在1916年，在街道两旁的地摊演出，条件十分艰苦。1959年，亳州市（当时叫亳县）成立了二夹弦专业剧团“跃进剧团”，加入了实力派老艺人徐广思、吴志修，还配备了行政领导和音乐工作者，初步形成规模。为了发展壮大，剧团多次派人外出学习，并且花大力气挖掘传统剧目，加以整理和改编，从民间生活中汲取营养，在继承传统唱腔的基础上改革创新，形成独特的风格，演艺质量慢慢提高。1962年，剧团又从山东请来王玉芹等十三位优秀演员，增强了剧团的实力，同年，王玉芹等演员和山东定陶二夹弦剧团参加北京人民大会堂演出《二度梅》，受到刘少奇、陈毅等国家领导人的亲切接见并合影留念。1963年，剧团演员王玉芹等受邀参加北京景山公园演出剧目《金龙盏》，受到朱德等国家领导人的接见。1966年前，亳州二夹弦“跃进剧团”多次奔赴合肥、芜湖、南京、蚌埠、徐州、商丘、开封等地巡回演出，风雨无阻，演员们凭着对二夹弦戏曲的满腔热爱，将二夹弦剧种推上了发展的巅峰。1966—1976年期间，剧团被迫停演。“文革”一结束，剧团又重新恢复了生机和活力，演员们重整旗鼓，积极筹办“二夹弦”戏曲学校，以培养更多的新人将二夹弦发扬光大。

改革开放以来，剧团精心排演的《刎经堂》《寻妻》《三更情缘》等剧目多次在省级比赛中获奖。2006年，二夹弦被列入安徽省首批非物质文化遗产名录，2008年，再次被列入国家级非物质文化遗产。直到今天，尽管全国的几个二夹弦剧团均已相继消失，但是亳州的二夹弦剧团依然活跃在舞台中央，不忘初心，继续前进。为了更好地继承和弘扬这一项国家级非物质文化遗产，亳州市谯城区梆剧团决定在保证正常演出的前提下，每年至少排演一出二夹弦大戏在全市公演。

可以说，今天的二夹弦，不仅仅是一个剧种，更是亳州优秀传统文化的代表，是亳州人民踏实苦干务实精神的象征，是亳州人民引以为傲的伟大生活创造！

四、勇创业绩的剪纸

亳州剪纸作为土生土长的民间艺术已有千余年的悠久历史，它将北方剪纸的粗犷刚劲和南方剪纸的温婉秀丽融合在一起，刚柔并济，优美多变，工巧纤细，装饰性强，独树一帜，风格独特。亳州剪纸内容多样，既有花鸟虫鱼、飞禽走兽、鸳鸯戏水，又有龙凤呈祥、喜鹊闹海、福禄寿喜，还有八仙过海、神医华佗、三顾茅庐等等，来源于百姓生活，歌颂百姓生活，赞美劳动人民，表达了热爱劳动人民、热爱家乡、热爱祖国的美好感情。西汉时期的女英雄花木兰长达12年的作战结束后回到家乡，恢复了女儿身，爱美之心溢于言表，“当窗理云鬓，对镜贴花黄。”这里的“花黄”就是剪纸。一方剪纸凝聚了亳州人民辛勤的汗水、非凡的创造力和对美好生活的向往。

亳州剪纸《飘香牛肉馍》

亳州的剪纸艺术经过世代艺术家们的辛勤传承在新中国成立后一次次地迎来创作和发展高峰。20世纪70年代，亳州剪纸大批作品开始在全国大赛中崭露头角，斩获大奖，并且多次在上海、南京、昆明、沈阳等全国大中小城市巡展，《中国文化报》《人民日报》《解放军报》《安徽日报》以及中央新闻记录电影制片厂、中央电视台、中央人民广播电台等多家媒体都争相报道，亳州剪纸的知名度逐渐提高。不仅在国内享有盛誉，亳州剪纸还走出国门，走向世界，受到了外国友人的喜爱和追捧。20世纪80年代曾多次到日本参加展出，并且出口到日本、美国、法国、德国、英国、丹麦、新加坡、澳大利亚等20多个国家，促进了中外文化的交流与合作，加深了中外人民的友谊，亳州剪纸为传播中华优秀传统文化做出了不可磨灭的贡献。

亳州拥有许多著名的剪纸艺术家，如安徽省非物质文化遗产代表性传承人、安徽省工艺美术传承人王炳华先生的《鱼跃龙门》《喜报连连》等四副剪纸作品曾被安徽省邮政公司作为“金榜题名”系列发行，作品《骏马奔腾》在全国第八届艺术节暨第二届剪纸艺术展上荣获铜奖。全国剪纸学会名誉理事吕凤毛先生的作品《鲤鱼跳龙门》曾发表在日本刊物《切纸技法》上，受到日本剪纸艺术家的高度评价；著名剪纸艺术家王进铨的《黛玉葬花》、颜语的《四季喜寿屏》都曾在日本的知名刊物上发表。2008 年，亳州剪纸入选安徽省非物质文化遗产名录。

五、珍重生命的养生文化

养生，顾名思义，保养身体，爱护生命。自古以来，健康长寿是每一个人最崇高的理想和最热烈的期盼。毛主席教导我们："身体是革命的本钱"，有了好身体，一切皆有可能；没有好身体，万事灰飞烟灭。美好生活从拥有一个好身体开始。身体是一切的根本。如果一个人连自己的身体都不爱，不珍惜，那么他还爱什么呢？他还有什么能力去打拼？还有什么能力去实现未尽的理想呢？因此，保养身体、珍惜生活、热爱生命是最务实的品格。

道家养生以道家思想为指导，通过养生、避祸、清心、寡欲等方式达到延年益寿的目的。老子首创了自然养生法。老子养生思想的核心是顺应自然，清心寡欲。人是自然界的一部分，天地大自然，人体小天地。老子曰："人法地，地法天，天法道，道法自然。""道"指的是自然规律，人是生长在地上的，就必须遵循大地的生、长、壮、老、死的规律。老子提倡"无为而无不为"，"无为"并不是什么事都不做，而是不要妄为，不要胡作非为。老子实际上是警醒人们要按照自然规律做事，顺其自然，这样的话就能把事情做成。否则的话就适得其反。人与自然界息息相关，顺应自然，适应其千变万化，就不会邪气侵身感染疾病，才会健康长寿。老子曰："五色令人目盲，五音令人耳聋，五味令人口爽（伤），驰骋田猎令人心发狂，难得之令人之行妨。"（《道德经》第十二章）也就是说，老子提醒人们对声色、口味、货利要适可而止，不能贪得无厌，否则就会深陷欲望之中无法自拔。老子用生动形象的语言奉劝人们要清心寡欲以利于养生。老子又通过"去甚""去奢""去泰"（第二十九章）来告诫世人要舍弃极端的、奢侈的和过分的东西，越是强求生存反而无法实现，因为"出生入死。生之徒十有三；死之徒十有三；而民之生，生而动，动皆之死地，亦十有三。天何故也，以其生生之后也。"（第五十章）意思是说，人出生在世上就是生，入坟墓就是死。长寿的人占十分之三，短命的人占十分之三。本来能够活更长时间反而自寻短路的又占十分之三。这是为什么呢？是因为奉养得太过分反而加速衰老和死亡。老子用“正言相反”的语气警醒世人不可强求，应顺应自然，顺心而动，顺道而生。

“贵生重生”是道家又一重要的养生观。“故贵以身为天下，若可寄天下；爱以身为天下，若可托天下。”（第十三章）就是说，以珍重身体的态度对待天下，那么天下就可以托付给他；以爱惜身体的态度对待天下，那么天下就可以交给他了。老子将人的身体视若至宝，倡导人们要爱惜身体，保重身体，因为“善摄生者，陆行不遇兕虎，入军不被甲兵。兕无所投其角，虎无所措其爪，兵无所容其刃。”善于保养身体的人，在陆地上行走不会遇到凶猛的犀牛和猛虎，参军打仗不会受伤死亡。犀牛的角无法碰触他的身体，兵器也无法伤害他的身体。换句话说，善于保养身体的人不容易受到伤害因此能够保存自身，得以延年益寿。这是最脚踏实地的作风，最难能可贵的行动。

养生学一贯注重“养神”，精气神是主宰生命活动和存亡的根本。这也要从道家思想中寻找根源，虚静养神是道家养生思想的要领。《道德经》第十六章明确指出万物具备旺盛生命力的关键是：“致虚极，守静笃。万物并作，吾以观复，夫物芸芸，各复归其根。归根曰静，静曰复命。知常曰明。不知常，妄作凶。”什么意思呢？就是说，最佳的生存状态就是“致虚”和“守静”。“致虚”是清空大脑，净化心灵，排除一切私心和杂念，心外无物，保持“空”的状态；“守静”是生命的本来面目，静以修身，静以养德，静以聚静养神，静以保护生命，“静”最有利于生存，是最佳的生存之道。只有“致虚”才能“守静”，排空才能宁静，宁静才能致远，致远才能长久，长久即延年益寿。“常”即“道”，如果懂得这一切生存之道，就可称之为“明”；反之，如果不懂得，不“明”，就会轻举妄动，肆意妄为，极大地破坏生存之道，损害身体健康，误入死亡之途。正可谓“纯粹而不杂，静一而不变，淡而无为，动而天行，此养生（神）之道”。（《庄子·刻意》）

在今天市场经济的浪潮中，超额繁重的工作压力、令人窒息的生活负担、错综复杂的人际关系导致人们苦苦地挣扎在生存线上，不能够很好地享受生活，没有时间和条件关注身体，诱发一系列的身体和心理疾病；狂热地追逐功名利禄，过分地追求虚荣奢华，稍不留神就陷入感官和欲望的泥沼无法自拔，如果结果不能为人所愿，就会怨天尤人、愤恨交加、萎靡不振，甚至走上轻生的道路……道家经典的养生思想让人们醍醐灌顶，给人们以启迪，具有非常重要的现实意义。

第三节　亳文化熔铸亳州人开拓创新的思维

创新即革故鼎新，是对人在各种活动中表现出来的创造性倾向的总称，是由多种心理素质和行为方式整合而成的精神状态，包括批判精神、科学精神、开拓精神、冒险精神、务实精神等。创新体现为突破陈规、大胆探索、敢于创造的思想观念，勇于打破与社会和历史发展规律不相符合的思维方式、行为规范的束缚，从不合逻辑、不符实际、不循规律的观念和体制的桎梏中解放出来，从错误和教条式的思想观念中跳跃出来；体现为不甘落后、奋勇争先、追求进步的责任感和使命感，不自甘落后、故步自封，也不满足于现有的成就，躺在代表历史的功劳簿上自满自足、裹足不前，而是以“落后就要挨打”的危机感和竞争意识自我激励；体现为坚忍不拔、自强不息、锐意进取的精神状态，有“敢啃硬骨头”“敢涉险滩”的闯劲，有“咬定青山不放松”的韧劲，有“生命不息、奋斗不止”的拼劲。

远在先秦时期，亳文化就诞生了第一次创新的成果：以老庄为代表的自由体散文。春秋战国时代，政治混乱，思想不一，社会氛围宽松。很多有思想、有抱负的文人志士开始崭露头角，大展宏图理想，纷纷通过不同的方式宣传他们对于政治、经济、社会等的看法和主张。各种思想激烈碰撞，火花四溅。儒、法、墨等诸家思想与社会现实联系紧密，其文多据事立说。当时，亳州这一带是东西南北文化的聚焦点，也是百家争鸣的互动大舞台，他们相互激励，相互辩论，努力说服别人接受自家的思想。亳州本土人老子、庄子在百家争鸣中吸收各家学术优点，同时将荆楚文化杂糅到自己的政治思想见解中，创立了流传千古的道家思想及其学派。道家思想看起来与现实格格不入，实则是以哲理的思维方式解读人生，认识社会，在诸子百家中独树一帜，脱颖而出，逐渐发展壮大，影响了世代中国人，丰富了中华优秀传统文化，深刻表达了亳州文人的文化创新精神。

三国时期，亳文化又生长出第二个创新成果：曹魏文化。这种文化创新精神和文化产品的产出则表现为有意识、有组织的集体活动。曹氏父子仰仗政权上的优势和深厚的文学功底引领当时的文坛，产生强大的影响力和凝聚力，并且召集众多因战乱而流亡于各地的文士志士汇聚在邺城，一起饮酒作诗，共同抒发志向，逐渐形成一个以曹操父子为首的邺下文人集团，产生了轰动效应，掀起了我国文学史上文人创作的高峰。

曹操父子在文学创作上大胆创新，自由创作，不墨守成规，不拘泥于前人，想要树立新的文章创作风气。当时“非音之正”的五言诗大量出现并主导建安文坛，是曹操父子开创其端；古代诗歌由叙事转向抒情，由朴质转向华美，也是曹操父子一路领先。曹操首创借助古乐府形体撰写时事，其四言诗于“三百篇之外，自开奇响”，当之不愧是革新文章写作的祖师。他的后代们也才华横溢，能力非凡，富有想象力和创造力。曹操的儿子曹丕对诗体进行了革新，按旧曲作新辞，不拘旧格，变创新体，为当时的诗坛注入了清新的空气。继承曹操的优良基因，曹氏家族的有才之人代代辈出，为我国的文学发展和繁荣创造了巨大的贡献。曹操父子的文学创作革新意识和鲜活激情充分表达了亳州人思想解放、敢为人先的创新精神。这为亳州城市精神的形成积淀了厚重的文化元素。

神医华佗的创新意识和创新精神也十分惊人。他在医学领域勇敢探索，立志创新，大胆实践，发明了麻沸散，首创了五禽戏，为我国医学事业乃至世界医学领域建立了不可磨灭的功勋。麻沸散用于外科手术中给病人施以麻醉，这在世界医学史上都是个全新的开始，是世界范围内应用全身麻醉进行手术的最早记录，比西方国家早 1600 多年，是我国医学界对世界医学领域的一大贡献。华佗创编的五禽戏健身养生之法更是开创了我国医疗体育运动之先河，充分展现了体育运动与养生保健相结合的特点，具有强身健体、养生康复、延年益寿的功效，是我国流传年代最为久远的健身术，后来的太极、形意、八卦等健身术均受其影响。华佗从古语“户枢不蠹，流水不腐”的哲理中悟出“生命在于运动”的道理，并且借鉴“古之仙者为导引之事，熊经鸱顾，引挽要体，动诸关节，以求难老”，发明了五禽戏，“吾有一术，曰五禽之戏，一曰虎，二曰鹿，三曰熊，四曰猿，五曰鸟，亦以除疾，并利蹄足，以当导引。”[①] 五禽戏是一种借鉴古代精于养生之人模仿熊攀树枝、鹞鹰左右顾盼等动作活动身体和关节从而长生不老的导引术。

关于华佗发明五禽戏流传着一个神秘的传说，相传华佗年轻的时候有一

① 《三国志·魏书·华佗传》

亳州学院五禽戏雕塑

次上山采药，爬到半山腰看见一个洞穴，好奇心驱使他想一探究竟，刚走到洞口，就听见里面有人在谈论医术，华佗侧耳倾听，十分专注。忽然洞内的人说起了华佗，这可把华佗吓坏了，他刚想起身离开，就听见洞内人大声喊道："华生既已到来，何不入洞内一叙？"华佗不好意思地走了进去，看见洞内坐着两位白发苍苍、胡须很长的神仙。神仙教给了华佗很多奇妙的医术，还传给他一套健身功法，这就是五禽戏。华佗下山以后，将这套健身术广泛宣传，大力传播。传说为华佗精湛到不可思议的医疗技术增添了神秘莫测的色彩。

从中医的角度看，虎、鹿、熊、猿、鸟五种动物分属于金、木、水、火、土五行，又对应于心、肝、脾、肺、肾五脏，这五种动物的生活习性不同，活动的方式也各有特点，或雄劲有力，或轻盈敏捷，忽而展翅高飞，忽而沉静稳重，变幻多端，不拘一格，人们模仿它们的姿态进行运动，能够起到很好的活动肢体、锻炼关节、保养器官的作用。虎戏即模仿虎的形象，取其神气、善用爪力和摇首摆尾、鼓荡周身的动作，意守命门，气运足少阴，太阳经，行于肾与膀胱，祛风邪。"虎"走阴，走肾，行膀胱属阳，阴阳持平预防疾病。鹿戏即模仿鹿的形象，取其长寿而性灵，善运尾闾，意守尾闾，气运足少阳胆经和足厥阴肝经，行肝胆、筋腱之间，通经络、行血脉、舒展筋骨。“鹿”主肝，表现在鹿的目光是斜视的，斜视作用于肝脏，能够疏通肝气和肺气，对肝脏有很好的保健作用。熊戏即模仿熊的形象，取其体笨力大量实之性，意守中脘，气运足太阴脾经和足阳明胃经，气行于脾胃和崩内之间，调和肝脾，充足胃气，有健脾疏肝益胃之功效。“熊”属土，主脾胃，尤其是做摇臂熊、晃臂熊动作的时候，可明显缓解胃酸、胃胀、胃溃疡、十二指肠溃疡等疾病猿戏即模仿猿的形象，意守鸠尾，气运心脑和手少阴心经和手少阳小肠经，行于血脉之间，达到思想清静，体轻身健的目的。“猿”属火，主心脏，对心神起作用，猿的动作闪展腾挪灵活，有益于提升人的精气神和整体形象。鸟戏即模仿鸟的形象，又叫鹤戏，意守气海，气行于手足三阴三阳诸经，最后经手太阴肺经，归于肺，可充气活血，疏通气道。“鸟”的目光是环视，环视作用于肺，能够疏导肺气，调理呼吸均衡，特别是做平飞鹤的动作，一抬，五脏六腑起升；一落，五脏六腑归位，于一张一弛，一起一合之间五脏六腑尤其是肺得到了很好的保健作用。

第四节　亳文化打造亳州人励志奋进的面貌

奋进，即奋斗进取。奋者，蓬勃而焕发；进者，勇往而直前。奋进指不停顿，不懈怠，不气馁，不保守。它凝聚了亳州人敢于拼搏、争创一流的积极进取精神，体现了亳文化的本质和亳州城市精神的活力。它包含了认真、务实、乐观、进取的态度。

认真，就是要严肃思考人的生命应有的意义，明确生活目标和肩负的责任，既要清醒地看待生活，又要积极认真地面对生活。虽然人生道路很长，但关键处只有几步；虽然人生问题很复杂，但要害在于把握住最基本的东西。要对自己负责，对亲人负责，对周围的人和更多的人负责，进而对民族、祖国、社会和人类负责，做一个有价值、负责任的人。要正确认识和处理人生中遇到的各种问题，不可得过且过、放纵生活、游戏人生，否则就会虚掷光阴，甚至误入歧途。

务实，就是要从人生的实际出发，以科学的态度看待人生，以务实的精神创造人生，以求真务实的作风做好每一件事。要把远大的理想寓于具体的行动中，不能好高骛远、空谈理想、眼高手低、浅尝辄止，否则就会脱离实际，一事无成。要坚持实事求是的思想方法和人生态度，正确面对人生理想与现实生活之间的矛盾，遵循客观规律，透过复杂现象把握事物的本质，更好地把人生意愿与个人情况和社会实际结合起来，从小事做起，从身边事做起，脚踏实地、一步一个脚印地实现人生目标。

乐观，就是要积极向上、热爱生活、对人生充满自信，对自己、对社会、对生活的积极态度是人们承受困难和挫折的心理基础。人生是丰富多彩的，也充满了各种矛盾和问题。面对人生中的学习、就业、恋爱、婚姻、工作等实际问题，面对得与失、舍与得、贫与富、生与死等各种矛盾，要认识到许多事情不会总是尽如人意、顺心顺意的，困难和挫折是在所难免的。要始终保持乐观向上的态度，不能因为没有满足自己的期望或者遇到困难和挫折，就消极悲观、畏难退缩，甚至颓废堕落、自暴自弃，更不能因此而轻生。要相信生活是美好的，前途是光明的，未来是无限的，遇事要想得开，拿得起放得下，做人要心胸豁达，心态平和，在生活实践中不断调整心态，磨炼意志，优化性格，形成热爱生命、乐观向上的人生态度。

进取，就是要看到人生实践是一个不断创造的过程。要适应历史发展的趋势，以开拓进取的态度迎接人生的各种挑战，不断领悟美好人生的真谛，体验生活的快乐与幸福。要积极进取，不断丰富人生的意义，不能贪图安逸、满足现状、因循守旧、碌碌无为，否则人生就会失去应有的光彩。要发扬自强不息、敢为人先、百折不挠、坚忍不拔的精神，始终保持蓬勃朝气、昂扬锐气，充分发挥生命的创造力，在为他人谋福利、为社会做贡献中提升生命的价值，在创造中书写人生的壮丽篇章。

在亳州历史上，曾涌现出一大批顽强执着、奋斗不息的仁人志士，他们的人格及其文学品格彰显出亳州城市的奋进精神。

老子的“上善若水”，寓意为百折不挠、勇往直前的精神。水至柔至弱，善利万物而不争，但它具有无坚不摧、顽强不息的个性，这恰恰就是亳文化的最高境界。庄子笔下的鲲鹏展翅九万里的朝气与乘势而上的冲劲，正是亳州形象的完美写照。

曹魏文化吸收百家之长，勇于大胆探索，敢于生活实践，其思想学说、文化行为，对社会和人民的态度，人生观以及价值观等等都充分地表现了奋发有为的价值取向，奠定了亳文化以及亳州城市精神积极进取的基调。汉末魏初，天下大乱，社会动荡，民不聊生。许多有识之士一展身手，救百姓于水火，拯社稷于危难。建功立业成了他们的共同心愿。这种积极进取的精神在曹操父子身上表现得最为典型。曹操积极投身于平暴除乱、安时济世的时代潮流中，为开创一个崭新的世代而奋战猛进。他的乐府诗如《对酒》《短歌行》《观沧海》等表现了他这种“志在千里”包容天下的情怀和勇于开拓的精神。其子曹丕、曹植有“济世拯物”的愿望和“建永世之业，流金石之功”的宏大志向，他们这时期的诗作如《白马篇》《名都篇》《黎阳作》等，都表现出奋勇向前、不甘为人后的精神和超凡脱俗的气质，成为一个民族在忧患中不甘沉沦、奋发进取，召唤人们意气风发地创造新事业的时代精神的代表。

亳州自古便有习武之风。武术，可用于强身健体，可用于防身自卫，可用于抵御外侮，是古代劳动人民与天斗、积极生存、生活创造的结果，表现了奋发向上、不甘沉沦、积极有为、顽强拼搏、坚忍不拔的精神风貌。

武术起源于劳动，劳动使人的肢体发生变化与进化，肌肉、韧带、骨骼的发展使人的灵巧性越来越强，从而为武术的产生奠定了基础。武术发展于部落战争，远古时期为了生存，为了氏族的繁衍和部落力量的壮大，各部落之间战事频繁，格斗动作因此得以成形和发展。据《尚书·大禹谟》记载，舜为氏族长，舜和其他许多氏族对苗人进行了三十天的战争，不分伯仲，后来用盾牌和羽毛（干羽）作为道具，进行了七十天的舞蹈，才震慑住苗人。这里的“舞蹈”并非今天人们所指的舞蹈。羽是指箭镞之类的进攻性武器。舜用盾和羽做武器，花了七十天的时间重新训练了部落人员，增强了部落的战斗力，促使部落人员武艺改进，本领增强，从而征服了苗人。战争为武术提供了生长的舞台，武术又为战争的胜负提供了契机。古人在与大自然做斗争、与他人争生存的过程中，将生活感悟融汇在武术中，这是氏族成员集体创作的产物，是氏族成员齐心协力、顽强不屈的结果，表现了强烈的乐观向上、不服输的精神气质。

亳州自商朝开始就有青铜兵器，春秋时期涌现出许多高水平武术运动员，例如伍子胥，他十八岁时到临潼参加十八诸侯国比武大赛，赢得“十八国大元帅”的称号。

西汉时期普遍流行武术运动，武术蔚然成风。巾帼英雄花木兰，武功盖世，勇战沙场，女扮男装，杀敌无数，当属习武的杰出表率。东汉时期更是英雄辈出，曹操、曹彰、曹仁、曹洪、曹休、曹真、夏侯惇、夏侯渊、许褚等个个都是精英虎将，勇猛过人，为曹操统一北方立下了汗马功劳。神医华佗发明的五禽戏对世代的武术习得产生了深远的影响。

唐宋年间，亳州的陈抟大师开创了内丹修炼之道，创设了宋元道教内丹派，创编了六合八法拳、二十四气导引坐功法和睡功法，这些功法不仅在我国大陆地区修炼者众多，而且在港澳、南洋、南北美洲诸多地区都有大量练习者。六合八法拳兼健身功效和技击能力于一身，功能多，作用大。陈抟还依据“天人感应”理念发明了十二月坐功法。南宋时期能文能武的辛弃疾青少年时期就是在亳州度过的，他那高超的武艺得益于亳州武术大师的指点和传授。

元代镇守亳州的名将张柔，屡立战功，武艺高强，他的两个儿子后来能成为元代赫赫有名的大将军完全得益于武术之乡亳州的熏陶和培育。另外，晰扬掌，别名：棋势功，由安徽省亳州市清真寺伊玛目沙阿訇为了宣传伊斯兰教门创编的“清真古兰健身术”发展而来。“晰”则为“晰诸教异同之理，阐幽明生死之说，上穷造化，中尽修身，末言后世”（《宗教大辞曲·清真指南》）。“扬”则为发扬光大之意。晰扬掌长期传承于穆斯林群众，它是历史文化名城亳州丰富民间文化的组成部分，它多次为亳州争得荣誉。此拳，共有365个动作，强调柔、烈、凶、猛、威。列安徽省第二批省级非物质文化遗产。

清末捻军首领张乐行组建黄、红、蓝、白、黑五旗军制，带领捻军刻苦习武，不断壮大势力，增强反清的作战本领，捻军习武成风，驰骋十一年，横扫半个中国。“民国”时期，武术更是成为国术，民间习武之风盛行。

中华人民共和国成立以后，亳州政府重视武术，鼓励人们练武强健体魄，提升精气神，群众性武术活动蓬勃开展。1987年亳州成立武术协会，建立了大大小小的武术馆若干，有力地弘扬了传统武术，武术在新时期得到了很好的发展和创新。20世纪80年代，亳州市被授予“全国武术之乡”的称号。

综上所述，亳文化是盛开在亳州这块千年宝地上的一朵奇葩，而亳州城市精神就是这朵奇葩上的花蕊。亳州城市精神根植于亳州悠久的历史文化传统，是从亳州优秀传统文化中提炼出来的，是在城市的发展过程中自然形成的，是在亳州儿女的身上表现出来的优秀基因，将亳州城市的过去、现在和未来串联一体，施展了亳州城市的独特魅力。那数千年丰裕厚实的历史文化资源，那奔腾不息、养育万物的涡河水，那药香飘溢、名扬万里的优美古音韵，那励精图治、自强不息的奋斗精神，那志在千里、大展宏图的昂扬斗志，那悬壶济世、忧国忧民的高尚情怀等人文精华和文化元素，都深深地融汇在亳州城市精神中。新时代，作为中华优秀传统文化的亳文化和亳州城市精神迎来了出陈易新的发展时期。只有在传统中继承，在继承中发展，在发展中创新，实现创新性发展和创造性转化，亳州这片瑰丽的大地才能散发更加迷人的芬芳，占据更加独特的地位，赢得更加灿烂的未来！

第四章　亳州城市精神的当代绽放

第一节　厚德——城市之灵魂

“自古亳州多壮士，如今处处见好人”。亳州人的血脉中从来不缺乏爱的基因，绵绵涡河水携带着美德因子流经千家万户。亳州市举国闻名，说她是座城“市”，然而撤县建市仅仅 18 年而已！但是要论其历史，却有三四千年之久。这样年轻的城市却享有“国家历史文化名城”“全国首批优秀旅游城市”“中国长寿之乡”“中国武术之乡”“华佗五禽戏之乡”“华夏酒城”“中国幸福城市 20 强”“世界中医药养生之都”等诸多赞誉。“年纪轻”却久负盛名，不是徒有其表，而是实力雄厚。单单拿出其中一项美誉来说，2014 年由国内最大规模的民间调查和媒体调查活动《中国经济生活大调查》评选出的中国幸福城市 20 强，亳州赫然在列。在此之前，亳州就已经在全国崭露头角，2008 年入选中国 200 个美丽城市之榜；2009 年被中国社会科学院《城市竞争力蓝皮书》评为发展成本竞争力全国第二位，2010 年斩获“安徽省最具幸福感城市”；2011 年又再次荣获全国最具幸福感城市百强榜单。

取得如此多的成绩之后，我们不禁要问：是什么将亳州这样一座年轻的城市数次推上幸福城市的宝座？是经济实力？是物质财富？不，我要说，是美德，是厚重的精神财富。幸福的首要构成因素是美德。孔子曰：“仁者不忧。”（《论语·子罕》）意思是说，具备“仁”这种在儒家思想体系中最高美德的人是幸福的，没有美德即使拥有再多的物质财富也不会感到幸福，“不义而富且贵，于我如浮云”（《论语·述而》），只要拥有美德，哪怕“一箪食，一瓢饮，在陋巷”，人也会感觉很幸福，“人不堪其忧，回也不改其乐。”

（《论语·雍也》）古希腊哲学家亚里士多德的幸福观也是建立在美德基础之上的，他认为德性是获得幸福的前提，是构成幸福的首要因素。幸福的生活就是合乎德性的生活。那么，德性该作何理解呢？德性就是合乎事物本身的特性的东西。例如，眼睛的德性是明亮能看清楚东西；马的德性就是跑得快，能在战争中冲锋陷阵。那么人的德性就是人的高尚的品质。人的善行就是合乎德性的现实活动。亚里士多德认为，一个人如果没有德性，即使拥有再多的财富，再高的地位和荣誉也不会拥有幸福。“人一旦毫无德性，他就会成为最邪恶残暴的动物，就会充满无尽的淫欲和贪婪。”① 因此，想要过幸福的生活就必须使行为合乎德性，在德性的指导下进行。“有些人偶感饥渴便纵饮无度；有些人为了两个铜元而不惜毁伤自己最相好的朋友；有些人心智愚昧像小儿或神情迷惑像疯子；这种怯懦、无礼、不义、愚昧和痴呆的人，是不会幸福的。”② 在约翰·密尔看来，“幸福的成分十分繁多……美德便是其中的一种重要成分，或者说，美德……不是作为达到幸福的一种手段，而是作为他们幸福的组成部分，被欲求并被珍惜。”③ 很难想象，一个道德品质底下的人会拥有幸福的人生。

如果把城市比作一棵参天大树，那么美德就是这棵大树的养料。只有养料充足，大树才能郁郁葱葱，根深蒂固，枝繁叶茂，城市发展才能蒸蒸日上。拥有悠久的厚德历史传统的亳州新时期以培育和践行社会主义核心价值观为根本，大力推进“厚德”亳州建设，积极开展“我推荐，我评议身边好人”和道德模范评选活动，组建身边好人事迹宣讲团，开展道德模范和身边好人事迹基层巡展、巡演、巡讲等活动，在公民思想道德建设方面取得了傲人的成绩。一个个道德模范、身边好人的名字和事迹传遍亳州大地，走进亳州人的心里，他们身体力行，用一言一行和大爱小事铸就了我市道德之乡的美名，叠加了这座城市的文明新高度。是他们，让爱的阳光在亳州普照，照亮了每一个亳州人的心灵，让“无力者有力，让悲观者前行”。这座城市闪耀着道德的光芒，城市里的人民怀揣着金子般的心，诠释幸福生活的真谛。

① ①亚里士多德：《亚里士多德全集》第八卷，苗力田译，北京：中国人民大学出版社，1992年版，第7页。

② 罗国杰，宋希仁：《西方伦理思想史》，北京：中国人民大学出版社，1985年版，第190页。

③ 约翰·密尔：《功利主义》，徐大建译，上海：上海世纪出版集团，2008年版，第166页。

第四届全国道德模范、中国最美母亲许张氏 1916 年出生于亳州市谯城区。40 年前，自从小儿子许全意患上精神病后，许张氏就对他不离不弃，倾尽所有为其治病。然而不幸的是，许全意的病情非但没有好转反而加重，瘫痪在床丧失生活能力。考虑到其他四个子女都有各自的家庭且不宽裕，为了不拖累他们，善良的许张氏在老伴去世以后便独自承担了照顾许全意的重任，这时候的她已年届七旬。白天，为儿子喂药、喂饭、洗衣晒被；夜晚，为儿子洗澡、盖被、端尿盆，数十年如一日。家境贫困的许张氏还多次拒绝爱心人士的捐款，“这么多人来看我，我已经承不住大家的情了。我做了啥？为啥能用人家钱？我到时候怎么回报大家？”许张氏说。多么朴实的话语！多么真挚的母亲！她的一生清贫而又富裕。清贫的是她的家庭条件，富裕的却是她的精神境界。没有自己的名字，裹着小脚，驼着背，这样一位看似非常平凡的女性用纯洁和无私的爱为我们演绎了“母爱”的崇高和伟大。就在全国人民争相学习许张氏向她致敬之际，2013 年 12 月 23 日，这位仁慈的老人永远地闭上了双眼，临终之前唯一的遗言就是：替我照顾好儿子。春蚕到死丝方尽，蜡炬成灰泪始干。

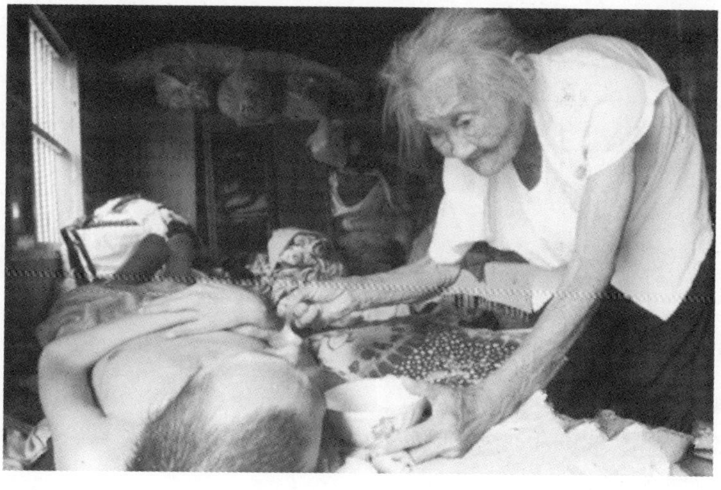

许张氏在照顾儿子许全意

“好人难当”，为什么人们常常发出这样的感慨？因为好人做好事往往成本较高，获得感较低。厚德亳州在厚待好人方面下足了功夫，努力降低好人做好事的成本，加大好人做好事的褒奖，于是产生了“好人好当”“好人有好报”的连锁效应，亳州大地好事纷至沓来，好人络绎不绝。

自从2008年中央文明办开展“我评议、我推荐身边好人”活动以来，亳州市“好人”上榜数一直名列前茅。截至本书成稿之日，亳州共有132人荣登中国好人榜。其中，2016年亳州共有13人荣登中国好人榜，在全省喜获首位，2017年亳州共有14人荣登中国好人榜，蝉联全省第一位，并且累计评选出“亳州好人”304人，“安徽好人”（及提名奖）94人，“安徽好人”数在全省排名由2016年的第二位升至第一位。成绩的获得当然是亳州人民厚德载物精神的体现，但是与得力有效的荐好人、宣好人、“报”好人举措也是分不开的。

一、选好人：逐级推荐，严格审查

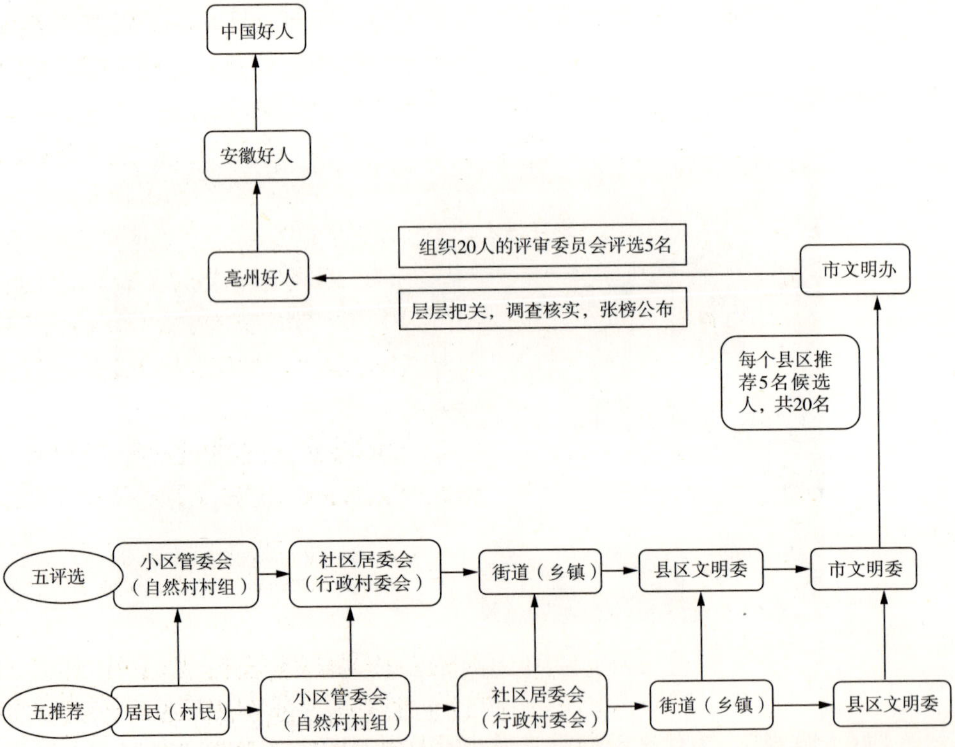

二、宣好人：多措并举，不遗余力

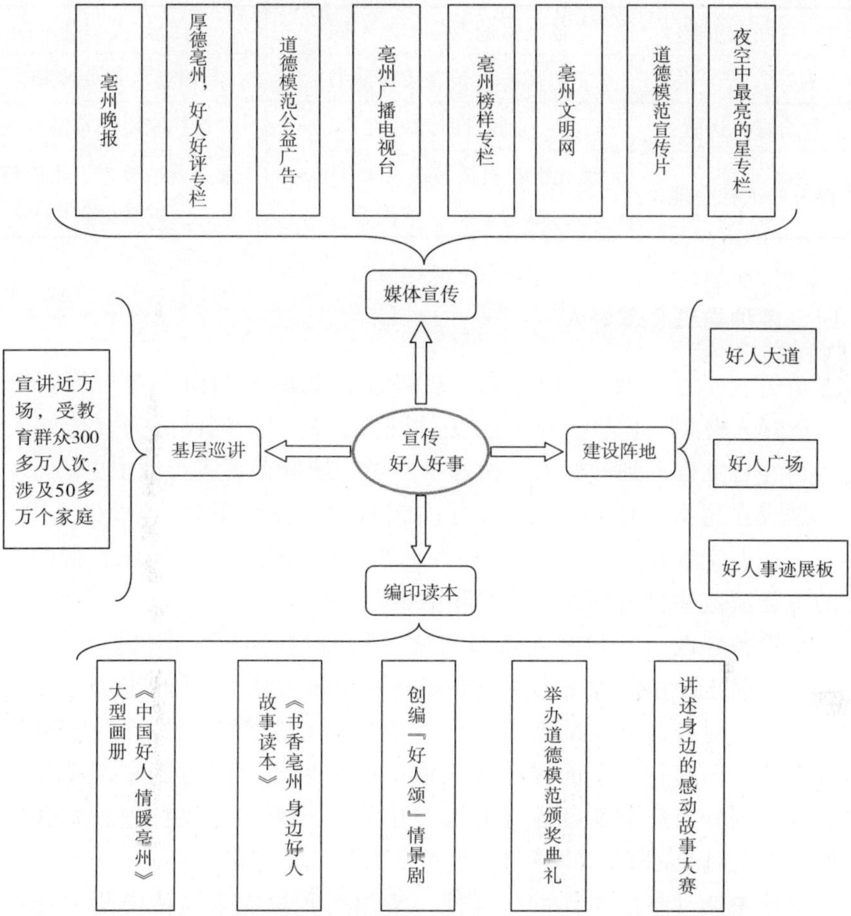

三、“报”好人：知恩图报，大力反哺

为了使“有德者有得，好人有好报”，2015 年 12 月，市委、市政府印发了《亳州市礼遇、帮扶道德模范和身边好人实施意见》，规定：获得全国道德模范、全国道德模范提名奖称号的分别奖励 10 万元、8 万元；获得全省道德模范（含特别奖）、全省道德模范提名奖称号的分别奖励 5 万元、3 万元；获得全市道德模范、全市道德模范提名奖称号的分别奖励 2 万元、1 万元；获得“中国好人”称号的奖励 3 万元；获得“安徽好人”、安徽好人提名奖称号的

分别奖励2万元、1万元；获得“亳州好人”称号的奖励5000元。目前，亳州市已累计发放好人奖励金达676万元，夯实了“有德者有得”的物质基础。

A	对好人重奖	各级道德模范奖励不同	各级好人奖励不同
B	为好人送“报”	送喜报，颁发荣誉证书	赠送《亳州晚报》
C	给好人送暖	节假日慰问好人	帮扶家境困难的好人
D	提升好人社会地位	优先推荐担任各级人大代表、政协委员、党代表	大力营造尊重、崇尚好人的社会氛围

四、多种尝试管理好人

一是引入“互联网+身边好人”的理念，利用“两微一端”等新媒体平台，打造好人典型，积极营造社会关注热点，使广大网民成为宣传好人好事的使者，并自觉投入到做好人、做好事、做志愿服务者等行动中去。

二是成立亳州爱心协会，建立好人大家庭，整合资源，争取让“好人成为富人、富人变成好人”，坚持“一人一策、精准帮扶”的原则，帮助更多有困难的道德模范和身边好人解决实际困难。

三是筹备建设“安徽好人馆亳州分馆”，拟在亳州城市展览馆开辟1000平方米，目前正在招标，努力建设高规格的亳州市好人宣传新阵地。

四是加强对身边好人的教育，在挖掘身边好人道德闪光点的同时，注重规范好人典型的言行，全面提升好人道德楷模形象；同时逐步探索好人退出机制，让有损好人形象的已入选好人退出好人行列，确保身边好人群体经得起考验，符合社会对好人的要求，真正成为群众学习的榜样。

五是注重调动基层工作的积极性，亳州市积极完善道德模范和身边好人相关工作制度，加强对基层工作队伍的管理、指导、教育和培训，确保选树、宣传、礼遇、管理的队伍是践行好人精神的队伍，是积极干事创业的队伍。

除了扎实推进“好人”评选树管工作，亳州市还稳步开展道德模范评选工作，近年来共有2人荣获全国道德模范和提名奖荣誉称号，22人荣获省级道德模范及提名奖荣誉称号，98人荣获市级道德模范及提名奖荣誉称号。同时成立了见义勇为基金会（慈善组织），建立健全帮扶见义勇为者的长效机制。亳州市评选出的身边好人，都经过层层推荐，是群众认可的身边人、身边事，他们的故事平凡中见伟大，朴实中显真情，从不同角度深刻诠释了社会主义核心价值观的本质内涵，弘扬了主旋律，传递了真善美，有力地引导着亳州群众见贤思齐、争当模范、争做好人。

亳州市把培树好人作为培育和践行社会主义核心价值观的重点来推进，打造了“中国好人安徽多，安徽好人亳州多”的响亮品牌。作为全国的“好人担当”，享有“道德之乡”美誉的亳州在新时代定将继续引领道德风尚，树立精神航标。厚德亳州不满足于躺在历史的功勋薄上停滞不前，“推出了很多好人，还有很多好人要推”，在及时发现、挖掘、总结、宣传上还需要加大力气，下大功夫，这是一项永远在路上、没有休止符的工作。

为广泛宣传亳州的好人好事，本书特收录了25名道德模范和身边好人的先进事迹，分为孝老爱亲、助人为乐、诚实守信、敬业奉献和见义勇为五大类，以飨读者。

孝老爱亲篇

1. 爱的传承　情的延续——张氏之女许长荣遵照母亲遗愿照顾瘫痪哥哥

“娘，你在另一个世界安心吧，从今往后，俺哥还是我们的宝贝。”许张氏之女许长荣在母亲的遗像面前满面泪水地说道。前文提到的“全国道德模范”许张氏去世以后，她的女儿许长荣接力母亲，全心全意照顾着许全意。

每天早上天边刚刚露出朝霞，许长荣就迅速起床，一边披衣服，一边轻

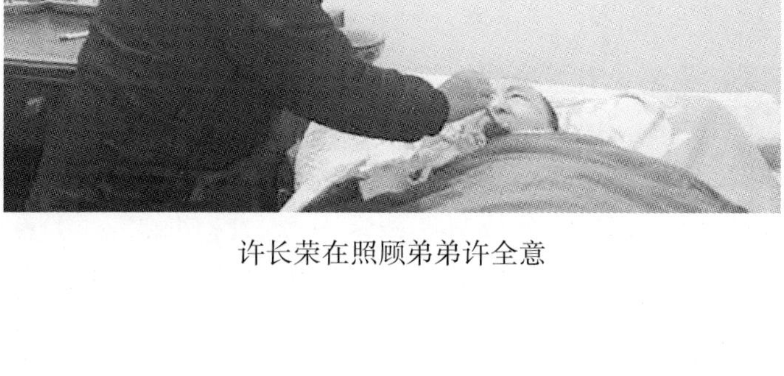

许长荣在照顾弟弟许全意

手轻脚地走到哥哥许全意的床边。她总是轻轻地掀起哥哥的被子，用力将体重超出自己很多的哥哥往床里边挪，然后将被屎尿弄脏的床单抽出放到一旁，再迅速铺上干净床单。之后，许长荣会从厨房拿来两瓶热水，用毛巾帮许全意擦洗被弄脏的身体。在哥哥无法动弹的双腿处，许长荣总是先用热毛巾热敷，再细细按摩。

把哥哥收拾好以后，许长荣就开始搓洗床单和尿布。在寒冷的冬天，冰凉的水总是把许长荣的双手冻得既通红又干裂，可是她没有丝毫怨言，乐此不疲。“她现在就是我们的小宝贝，全家老少都宠着他，谁也不怕脏不怕累！”许长荣慈祥地说。晴天的时候，家门外总是晒着各种颜色和花样的尿布，这些都是邻居们送的。

洗完床单和尿布之后，许长荣就要骑自行车到几公里外的一家药厂打工。许长荣的丈夫张传民每天也起得很早，为一家人准备早餐，并为哥哥做专门的食物，平日里剃须和剪头也都由张传民负责。许长荣的姐姐许长琴每天只要一有空，也会来到这里帮忙照顾许全意，她总是坐在床头，一边和许全意聊天，一边给他活动手脚。

为了让哥哥住得舒适，许长荣把家里唯一的空调装在许全意的屋里，并让哥哥睡在东边朝阳能照进阳光的屋子。太阳好的时候，她和家人就把许全意抱进院子里晒太阳。

如今，许全意 64 岁，原本身体完全瘫痪的他，现在不仅能伸手拿馍、花生等一些固体食物吃，双腿也能轻松地伸蜷，精神更是好了许多。他皮肤红润细腻，不见一根白头发，而年龄比他小几岁的妹妹许长荣却有了斑驳的白发。

“老母亲去世后，我经常梦见她，感觉她一点都没变，就像还生活在我们身边一样。”许长荣说，她会用一生去完成对母亲的承诺，会把许全意当做宝贝一样一直宠爱下去！

2016 年 1 月许长荣被评为“亳州好人”。

2. 坚守爱的承诺　山盟海誓永不变——李玲利不离不弃演绎“乡村爱情”

李玲利，生于 1987 年 3 月，蒙城县乐土镇人，农民。李玲利在苏州一家服装厂结识了蒙城小伙子范志友，两人由相识、相知到相爱。一次意外，范志友不幸坠楼致下身瘫痪，李玲利也被家人几次劝回老家严加看管，但她仍誓死跟随。9 年过去了，28 岁的李玲利依然悉心照料着男友，不离不弃。面对生活压力，二人在坚守爱情的路上，又发展起养殖业，共同追寻幸福。

2006 年初，临泉县 19 岁女孩李玲利在苏州一家服装厂打工，结识了蒙城人范志友，两人坠入了爱河，感情甚笃。两人相约：誓死相守，一起追梦。

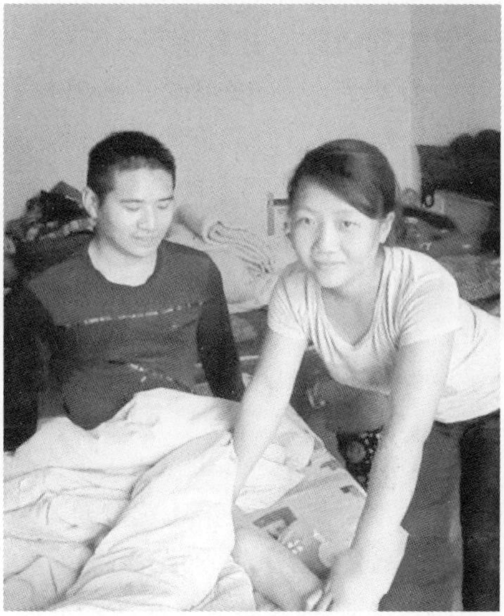

李玲利和她的男友范志友

不幸的事情突然降临。8 月 6 日晚上，李玲利和男友吃完晚饭原本打算一起返回宿舍的，可是范志友想到五楼吹吹风，李玲利便自己回宿舍洗漱。不一会儿，忽然听到有人大声喊叫，李玲利才发现范志友从楼上掉下去了。

李玲利鞋也没穿便跑到楼下，只见男友脸色苍白，一动不动地躺在地上。李玲利大哭不止……

由于手术费不够，范志友便被家人带回了蒙城老家治疗。因为耽误了最佳手术时间，范志友从此下身瘫痪，大小便失禁。与此同时，李玲利也被家人"连哄带骗"带回了临泉老家。

"我家人得知男友瘫痪后，怕我继续跟他交往，便想方设法劝阻。"李玲利说，范志友是个老实本分、值得依靠的男人，她当时就铁了心跟定他了，无论谁的话，都听不进去。无奈，父母只好将她看管起来。

被监管了一个多月以后，李玲利终于瞅准了一次机会，在夜间偷跑出去，直奔蒙城范志友家。

"当时看见他全身脏兮兮的，头发凌乱，脸色憔悴，我立刻搂住他痛哭起来，然后帮他洗澡、换衣服、按摩双腿。"想起当时的情景，李玲利仍记忆犹新。

此后的一段时间里，李玲利的家人还曾三番五次以各种理由将李玲利"骗"回临泉老家，但都没有拗过李玲利的坚持。

往后俩人的感情更加真挚，彼此间更加互敬互爱。然而好景不长，一年后，李玲利发现男友不再正眼看她，也不配合她按摩，还时不时耍性子，经常跟她大吵大闹。

一天晚上，两人再次因琐事大吵大闹起来，气坏的李玲利当即提出离开。

范志友则显得很镇定，并没有丝毫阻拦之意。可是，当李玲利在门前的水塘边转了一圈后，腿却怎么也迈不开了，心里还是放不下男友。那一夜，李玲利在男友家废弃的猪圈里蹲了一夜。

以后的日子，范志友还是不停地和李玲利吵闹，而且越发厉害。最后，范志友趁李玲利不在身边，偷偷地喝了半瓶农药。由于抢救及时，才捡回一条命。

事后，范志友才向李玲利吐露，他认为自己再也站不起来了，不想拖累女友，才用吵闹和自杀的方式逼她离开，另寻幸福。

由于范志友的母亲离世前患有胃癌，加之范志友的治疗费用，家里已欠下了巨额外债，当地政府也为他家办理了低保。迫于生活，李玲利于2008年再度带着男友踏上了苏州打工的征程。在廉价出租屋里，她一边照顾男友，一边把活接到家里做。

“这样下去也不是长法，于是我们商量后，决定回去搞养殖。”在苏州待了两年后，李玲利又推着男友回到了蒙城。后来，范志友感到身体好些了，也出去骑三轮摩的挣钱，两个人每月能挣两三千块。

2013年，二人开始借钱建房发展养羊业。为了节省资金，所有能做的活全都是他们两人动手。在焊接栅栏的时候，范志友不幸被感染，现在基本下不了床了。

初买种羊时，由于小贩在母羊肚里打了水，导致八成母羊流产。这也给他们当头一棒，李玲利搂住范志友的头不让他哭出声，鼓励他接着干。

目前，他们的养殖业已步入正轨，存栏数已达200余只，每年净收入约四五万元。范志友每天一边在床上上网学习养羊技术，一边给李玲利唱歌解闷，而粉碎秸秆、饲喂管理的活则交给李玲利。

“照这个速度，我们很快就能还清家里的外债，过上幸福无忧的生活了。”望着床头上的范志友，李玲利兴奋地说。

李伶俐在2015年5月被评为亳州好人，2017年3月被评为安徽好人，6月被评为中国好人。

3. 大爱无声　彰显人性之美——刘士英20年如一日悉心照料瘫痪继子和婆婆

刘士英，女，1947年12月生，利辛县巩店镇张寨村人。20年前，原本过着普通人生活的刘士英，因丈夫患病去世，变得无依无靠。当时，还是邻居的张士义和他妻子就常常主动帮助她。天有不测风云，张士义的妻子随后也不幸患重病，于1997年5月去世。

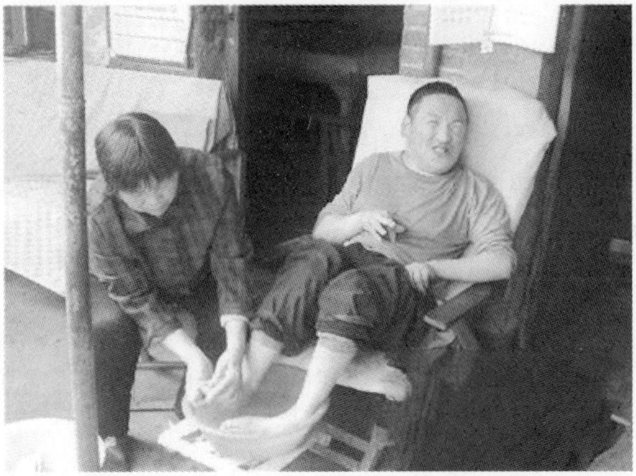

刘士英在给瘫痪的继子洗脚

妻子去世后，张士义既要照顾一出生就不会说话、瘫痪在床的儿子，又要照顾年迈的母亲，生活的重担全部压在他一个人身上。这些刘士英都看在眼里，只要一有空她就会帮忙照顾一下他们。1998 年 10 月，经人撮合，刘士英不顾家人的反对，毅然改嫁到上有 81 岁老母、下有 37 岁瘫痪儿子的张家。她在心里暗下决心要当一个"好媳妇""好母亲"。

嫁到张家时，张士义的儿子已经瘫痪在床 27 年，生活完全不能自理，每天都需要有专人照顾。从洗脸、洗脚、喂饭到翻身、擦背、穿衣服，刘士英从来没嫌弃过。同时，她还要喂牛、喂猪、做 16 亩地的农活。

"每天看着长年瘫痪在床的儿子新连，都会感到心疼，孩子太可怜了！"虽然家庭贫困，但刘士英从不吝啬给儿子和婆婆买好吃的、好喝的，自己却从来不舍得吃。她还经常给儿子买新衣服，把他收拾得整齐干净，让他舒舒服服地生活。为了让长年卧床不起的儿子不长褥疮，一到夏天，她每天都要给儿子洗两次澡。这些年，儿子身上从未长过褥疮。

为了让儿子、婆婆快乐，她还经常找些笑话讲给儿子和婆婆听，家里笑声不断，尽享天伦之乐。

对于已经 90 多岁高龄的婆婆，每次在床上给婆婆安便盆，刘士英都感到特别地艰难——抱不起，拖不动。一次，在婆婆便后为其擦洗身子，在用力将婆婆向外搬动时一失手，自己向后倒在了地上，好长时间，都站不起来。

"南北烧香，不如孝敬爹娘！""家有一老，家中一宝呀。"刘士英说，婆婆就是家里最大的宝。

2013 年 8 月，婆婆突然想吃烘柿子。家里当时没有，刘士英就专门赶到县城，从超市买了柿子饼，回来剁碎给婆婆吃……同年，12 月，婆婆有病，躺在床上数天不吃不喝，所有亲戚都回来了，大家以为婆婆不行了。刘士英整个冬天都和婆婆睡在一起，贴身照顾，一口一口地喂饭，细心照料，慢慢调养。第二年 3 月，婆婆又好了起来。婆婆每每提到刘士英这个媳妇就赞不绝口："我有今天，亏得我家的好媳妇士英啊。"直到去年，老人以 99 岁高龄去世，刘士英没有让婆婆在生活上受一点委屈。

20 年来，正直、善良的刘士英，用柔弱的肩膀扛起了生活的重担；20 年来，她满怀深情、无私奉献，扮演好不同的角色，面对需要照顾的亲人，她"爱"字装心，"孝"字当先，彰显了亲情的伟大。

春去秋来，刘士英十余年如一日默默守护张家，亲女儿一般无微不至地关怀和照顾着婆婆，亲母亲一般任劳任怨地服侍瘫痪在床、跟自己毫无血缘关系的儿子。她，既是伟大的女儿，更是伟大的母亲。

"尊老爱幼是我们的义务，我还会继续好好地伺候儿子。"刘士英说。

刘士英在 2016 年 5 月份被评为"亳州好人"，10 月份被评为"安徽好人"，11 月份被授予"第五届亳州市道德模范"称号，2017 年 2 月份当选"中国好人"。

4. 尽职尽责　34 年独自伺候公公婆婆——乡亲们交口称赞的好媳妇李荣芳

蒙城县立仓镇张长营村前梁庄，是该县最偏远最贫困的地方。在这个小村庄，有一位让周边十里八乡赞不绝口的好媳妇，她就是 65 岁的村民——李荣芳。

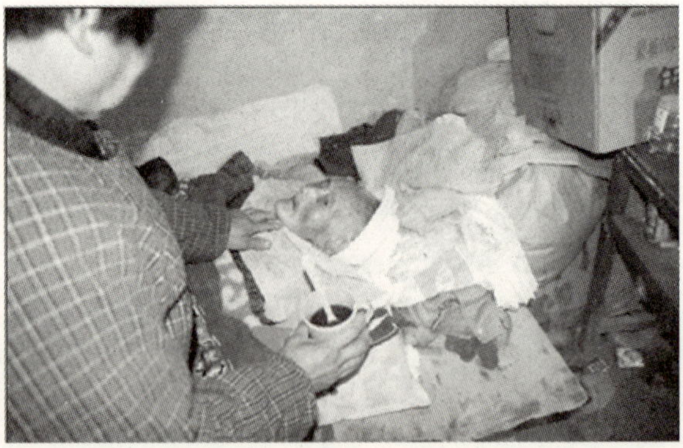

李荣芳在给婆婆喂药

1953 年 8 月，李荣芳出生在一个普通的农民家庭，在勤劳本分的父母影响下，她虽然识字不多，却拥有一颗金子般善良的心。1973 年，李荣芳嫁到立仓镇张长营村前梁庄，丈夫一家也都是地地道道的农民，淳朴热情，虽然家境不佳，但一家人其乐融融，尤其是一双儿女的先后到来，更给这个家庭增添了欢乐与幸福，惹得全村人羡慕不已。

然而，天有不测风云。1981 年春，李荣芳的丈夫突然感到身体不适，经医院诊断他得了癌症，一家人如遭晴天霹雳。由于当时医疗条件跟不上，加上家境贫寒无力远赴外地医治，半年后丈夫就带着不舍离开了人世。上有两位年迈的老人，下有两个未成年的子女，还有为丈夫看病欠下的几千块钱的账，村里很多人都认为她在这个家过不下去，肯定要改嫁。的确，面前的残酷现实给李荣芳出了一道难题。"如果我走了，这一家的老小又该咋活？"李荣芳思前想后，一番思想斗争后，果断决定留下来照顾两位老人及两个孩子，当时她才 28 岁。从那时起，李荣芳用柔弱的双肩扛起了这个贫寒的家庭，她独自承担起 8 亩责任田的耕作，干完自家地里的活，还要到附近村子打零工，挣钱还账，养家糊口。

1983 年 10 月，李荣芳的婆婆突然患上了脑梗死，最终导致半身不遂。为了让婆婆早日康复，李荣芳每天干完农活后无论多忙多累，都要搀扶婆婆在院子里练习走路，帮助婆婆恢复四肢肌肉功能。然而，天不遂人愿，婆婆的病情日益加重，渐渐地生活不能自理，李荣芳每天为婆婆喂水喂饭，洗澡捶背，梳头理发，精心侍候，从不厌烦……就这样，婆婆在床上躺了六年，李荣芳悉心照料了六年。常言说"久病床前无孝子"，可李荣芳的婆婆逢人便说："有好儿子不如有个好媳妇，我家小芳待我比亲闺女还亲。"

在李荣芳的精心照料下，六年后，婆婆的病逐渐好转了，这让李荣芳非常高兴，在她的心中，丈夫不在了，婆婆就是亲娘了。其实，李荣芳对待亲娘远没有对待婆婆用心，为了照顾卧病在床的婆婆，几年来她很少走娘家，偶尔去一趟也是来去匆匆，每次看着老母亲恋恋不舍的表情，她的心中就有说不出的愧疚。1998 年 9 月，最疼她的娘亲去世了，李荣芳在母亲的坟前长跪不起，哭诉道："娘啊，别人都说俺是一个好儿媳，可俺不是一个好闺女，俺对不起您啊，俺的娘啊！"送葬的亲友都潸然泪下，无不被荣芳的真诚和孝心感动。

屋漏偏逢连阴雨。没过几年，80 多岁的老公公又患上了脑溢血，虽然从死神手里夺回了性命，却从此半身瘫痪。老公公瘫痪在床后，李荣芳肩上的担子更重了，她既要干农活，操持家务，还要细心照顾瘫卧在床的公公婆婆，单薄的身体更加单薄。她要为公公婆婆做可口的饭菜，还要按时给公公婆婆端屎倒尿，早晨、中午、晚上，天天如此，她经常累得满头大汗，浑身酸痛。夏天，公公双腿浮肿，上面长满一层密密麻麻的小水泡，一脱落就流出腥臭难闻的液体，李荣芳总是耐心给老人擦洗，敷药治疗，不嫌脏、不嫌烦、不嫌臭。冬天，为了不让老人吃凉饭，她用一个小盆倒半盆开水，将饭、菜放入盆内温着一口一口地喂老人。就这样，她细心侍奉老人，从没叫过一声苦，也从没喊过一声累。

又是几年过去了，李荣芳的青丝变成了白发，挺直的腰杆慢慢弯曲了，但她无怨无悔，问心无愧！多少年来，她一直思念着丈夫，她说替丈夫照顾爹娘是他们的约定，是她的责任。后来，老公公大小便失禁，她舍掉了儿媳妇角色的羞怯，大大方方地替老人家擦洗、换内衣，感动得老人家老泪纵横。在李荣芳的精心照料下，老人家的被褥整天干干净净的，从头到脚干净整洁无异味。

春去秋来，花开花谢，不知不觉中，34 年过去了，李荣芳一直坚守在公公婆婆的病床前，不离不弃。她从来没因为侍候老人而抱怨过一句，也从来没因为担子重而发一次脾气，公婆每天看到的都是她温和的笑脸，听到的都是她体贴的问候，婆婆看到儿媳忙里忙外，一脸汗水，心疼地拉着儿媳的手流着泪说："孩子，这辈子，俺们拖累你了……"李荣芳总是笑着对婆婆说："妈，这是哪里的话，人都有老年不方便的时候，再说，孝敬你们、照顾你们是我应该做的。"朴实的话语，闪光的心灵。面对别人的称赞，李荣芳总是淡淡地说："我只是在尽儿媳、母亲的责任。"

2016 年 4 月份李荣芳被评为"亳州好人"，9 月份被评为"安徽好人提名奖"，2017 年 1 月份当选"中国好人"。

5. 坚守承诺　唤醒"植物人"妻子——死心塌地的蒙城"最美丈夫"刘勇

在蒙城县小辛集乡，提到"刘勇"的名字，大家都会竖起大拇指，啧啧称赞他是一位"最美丈夫"。

1993 年国庆节，刘勇和汪莉经过八年的相知相爱，走进了婚姻的殿堂，婚后小夫妻互敬互爱，尤其是 1994 年宝贝儿子的降临，更为这个幸福的家庭增添了无限的甜蜜。

天有不测风云。2001 年元月的一天，32 岁的汪莉突患多发性"脑梗死"，在蒙城县第一人民医院整整昏迷了48天。这48天里，无论刘勇怎么呼喊，都无法唤醒“沉睡”的妻子，医院先后九次开具了病危通知书，但刘勇一点也不相信眼前的一切是真实的，昨天还有说有笑的妻子，怎么会突然变成了植物人呢。“刘勇，放弃吧，我们不怪你。还有孩子需要你照顾，把钱都花光了，以后你还指望啥。”就连汪莉的哥哥都这样劝刘勇。

“不行，只要她还有一口气，我就要给她治。”刘勇拒绝了家人的劝阻。也许是刘勇不弃不离的坚守感动了上苍，汪莉慢慢睁开了眼睛。“刘勇，从今后我就是废人了，你离开我吧，我不想连累你一辈子。”“傻话，你忘了咱们原来拉钩许的愿，今生今世，我们要手牵手走完一辈子。”一番话后，夫妻俩抱头痛哭一场。

汪莉虽然捡回了一条命，但是因为神经严重受损留下了偏瘫的后遗症，再也不能正常下地走路了，生活起居都离不开别人的照顾，而且为了治病，夫妻双双下岗的这个家庭已是债台高筑，亲戚邻居的钱都借光了，很多时候连油都吃不上。即使是这样，刘勇从来也没有放弃过，他坚定地说：“有她在，孩子就有妈，这个家庭才完整。”

回到家中，汪莉坐上了轮椅，刘勇调整了家具的布局，一切以方便妻子的生活为目的。为了防止汪莉的腿部肌肉萎缩，刘勇每天都要给她按摩四次，两小时以上。上午和下午，还要扶着妻子练习走路，停下来休息时，刘勇就让她坐到轮椅上给她做腿部按摩。汪莉清醒的时候还明白点事理，糊涂的时候一点理也不论，每当妻子情绪烦躁时，刘勇就哄她逗她安慰她，把她当作闺女看待。

多年来，刘勇无微不至地照顾着瘫痪的妻子，从未睡过一个安稳觉，从未外出一次远门，也从来没有在外边吃过一顿饭。光阴似箭，日月穿梭，一晃十三年过去了。刘勇满头青丝变成了稀疏的白发，洁净的面庞布满了沟壑，沟壑里填满了生活的艰辛。但一看到多难的妻子病情没有恶化，懂事的儿子考取了大连海事大学，疲惫的他还是感到十分欣慰：“为了这个家，辛苦点，多累点，值!”

下岗职工刘勇十三年来无微不至照顾妻子的举动，感动了身边无数人。刘勇的老家在小辛集乡葛海村刘大庄，全庄人先后为他捐款五万余元，帮助他度过了最艰难的日子。“那时候，只要哪一家卖头猪或卖头牛，都会主动拿着钱到俺家，问俺家缺不缺钱。我真的很感动，说明我刘勇没做错，这也是我不能放弃、不该放弃的原因。”刘勇动情地说。刘勇的同学和朋友得知了他

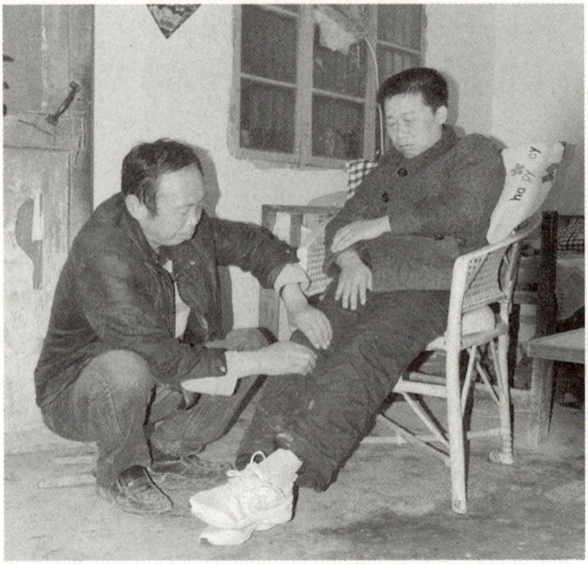

刘勇在给妻子按摩

家的情况以后，也都纷纷伸出援助之手，给他家送去了温暖。

为了给妻子治病，刘勇花光所有的积蓄，债台高筑。在妻子生病后的每一个日日夜夜，刘勇总是无微不至地照顾着妻子，每天都为妻子按摩、梳头、喂水喂药、洗澡，十六年来从未间断，是蒙城名副其实的“最美丈夫”。

2017 年 6 月 24 日，灾难再一次降临到这对苦命的夫妻身上，妻子汪莉病情再次恶化，住进了安徽省中医院重症监护室，院方称至少要住院 3 至 4 个月，每天需要 3000 多元的医疗费，如此重负实在让这个苦难的家庭无力承担。就在此时，亳州社会各界爱心人士纷纷伸出援助之手。

7 月 26 日，亳州市蒙城县文明办发出为蒙城“最美丈夫”“安徽好人”刘勇家庭捐款的倡议，号召大家帮助他们夫妻俩渡过难关，让汪莉早日康复，让他们能够相伴一生。

赠人玫瑰，手留余香。亳州市文明办和蒙城县文明办积极倡导社会各界援助刘勇家庭，各级道德模范和身边好人纷纷响应，在短短三、四天的时间内，筹集善款 60000 元。其中，全国道德模范、合肥燃气集团徐辉看到倡议书后率先捐款 600 元。亳州好人、谯城区爱心人士曹洁个人募捐 2200 元；中国好人李涛、李志、徐强分别捐款 1000 元；亳州市文明办捐赠 10000 元、蒙城县文明办捐赠4350元；蒙城在亳老乡捐款5000元；亳州市及各县区好人协会筹备组和亳州雷锋车队等爱心组织积极参与善款筹集。此外，安徽励展展览工程有限公司捐赠5000元，并派人到医院看望刘勇夫妇。

2015年2月和8月，刘勇先后获评“亳州好人”和“安徽好人”提名奖称号。2017年9月份刘勇被评为“中国好人”。

敬业奉献篇

1. 呕心沥血　毕生奉献教育事业——坚守讲台30载的“弯腰”教师朱景科

今年56岁的朱景科是蒙城县篱笆镇姜刘小学的教师，1978年被聘为民办教师，1988年患上“强直性脊柱炎”，颈部僵硬，头部不能扭转，两臂不能上举，行走困难，每天都要靠大量的止痛药缓解疼痛。26年来，朱景科忍受着常人难以想象的病痛折磨，在背部与下半身几乎弯成90度的情况下，仍然坚持教学，为农村孩子倾注了毕生的爱与责任，被学生亲切地称为“弯腰老师”。

灾难降临在1988年。这一年，朱景科时常感到全身关节疼痛，而且病情愈发严重，在省内几家医院就诊后，被确诊为“强直性脊柱炎”。虽然利用暑假治疗了一段时间，但是朱景科的病情并没有好转。随着开学的时间临近，朱景科不顾医生的劝阻，拿着医生开的止痛药，再次回到了他热爱的讲台。

从那时候开始，朱景科的后背开始渐渐变弯，颈部僵硬，头部不能灵活扭转，两臂也举不起来，行走越来越困难。没过几年，他的背部几乎与下半身成90度。止痛药和他形影不离。

“一天不吃药，他就会疼痛难忍。”朱景科的妻子卢翠莲说。20多年间，朱景科更换了好几种止痛药，因为每种药吃到一定时间就会出现抗药性而起不到止痛的作用。

长期服用止痛药给朱景科带来了很多副作用，53岁的朱景科看上去比实际年龄苍老了很多。他与年近八旬的父亲站在一起常常被别人误会为兄弟。

拥有170多名学生的姜刘小学只有7位老师，朱景科是其中年纪最大的。和朱老师同村的姜刘小学校长朱景强说，村小学鲜有年轻教师愿意来。前两年，两名教师退休以后，朱景科的负担就更重了。现在，他要教两个年级的课，周一到周五，每天都有四节课。

学校为了照顾朱景科，为他安排了离门口最近的办公桌。由于每次行走只能挪动小半步，到教室十多米的距离也要花费他一分多钟的时间。但他却是每天最早到校的老师。

由于肢体病变，朱景科的胳膊无法自由伸展，手最多只能摸到头部。板书是他教学时最大的难题，可数学课离开板书演示又不行，为此，他只能把脚跟踮起，左手扶着墙，右臂尽力地往上伸。即便如此，他的板书也仅能覆盖黑板下方30厘米左右，所以经常是黑板写了再擦，擦了再写，非常费力。

“每上完一节课，朱老师都是满头大汗，一方面是因为病痛，另一方面是因为太累了。”朱老师的一位同事说，“但课下批改作业，额外辅导孩子们功课，朱老师一样也没落下。”

放学后朱景科老师耐心为学生讲解

曾经有人劝他办理病退，但被朱景科拒绝了。“农村小学老师本来就紧缺，这个学校老师的课都排满了，根本没有空余人手。我要是不教了，这些孩子谁来教？”朱景科生气地说。在朱景科看来，和学生们在一起是他每天最幸福的时刻，上课的时候身体好像就没那么疼了。

朱景科的事迹先后被蒙城教育网、亳州晚报报道，后经《江淮晨报》、《安徽青年报》、蒙城电视台，以及新华网、中国文明网、安徽好人网、安徽教育网等数十家网站转载，广大读者纷纷为朱老师的崇高精神点赞、致敬。南京一位专家罗医师专程来到蒙城为朱景科做了检查，结果是：由于早年发病时没有及时正确治疗，现在想要直起身来基本上是不可能的。最好的结果是尽量控制病情，防止加重，努力减少疼痛。

朱景科伤感地说，他这辈子没有任何遗憾，唯一亏欠的就是妻子卢翠莲。在他生病的近30年中，卢翠莲不仅要起早贪黑种地、喂猪喂鸡、做家务，还要照顾三个子女。

"我一直都支持他。"人前人后都称呼自己丈夫"朱老师"的卢翠莲说，她最大的希望就是他的病能够得到有效控制，少疼点，他少累点。

2014年11月19日上午，朱景科的胸口一直在隐隐作痛，为了坚持给孩子们上完课，他服下止痛药勉强忍到放学。

中午回家后，朱景科发现自己胸口疼得厉害，喘不过气，急忙掏出手机给校长朱景强拨了过去。朱景强看到朱景科病情危急，赶紧将朱景科送到了医院进行抢救。经过医生检查，朱景科约70%的肺部化脓积水，在医院里的一个多星期，一直高烧不退。

"那天上午上课还好好的，中午我接到朱景科的电话跑到他家，发现他脸色苍白，喘不过气。"12月5日上午，姜刘小学校长朱景强告诉记者，他立即将朱景科送到了蒙城县第一人民医院。令人动容的是朱景科病情稍有缓解后，就会拿起笔继续书写教案，时刻准备着重返讲台。

在朱景科的床头，放着一本教案，只要感觉身体状况良好，他就会拿起笔在教案上写写画画。

"虽说人在医院，但心里还是惦记着那些学生。"朱老师说。教了17年初中，20年小学，给这些学生上课，写教案备课早已经成为一种生活习惯。

在姜刘小学，数学老师十分紧缺。在该校与上级学校极力争取之后，才给分配了一位年轻老师。新老师才来没几天，朱景科就犯了这个病。"我一直担心新老师是否能一下子承担那么重的教学任务。"朱景科说，"只要我病情好转能走动，还想走上讲台。"

过去的这些年，朱景科一直靠止痛药支撑，不论药量，只要疼就吃上两粒，导致胃部受损出血。数月前，脸色惨白的朱景科因此输了1200ml的血，回家后他又淡然地走上了讲台。

一边，儿子对朱景科的病情感到十分担忧，"他固执得很，让他病退怎么也不干，我爸这病就得多休息"。另一边，学校里的学生总爱问，"朱老师什么时候回来给我们上课？"朱景科则说："我要是闲下来，感觉更疼，和学生们在一起我觉得充实、开心。"

朱景科，一个普普通通的农村小学教师，虽没有热血澎湃的宣言，却有着三十年对教师职业的执着。虽佝偻着近似九十度的身体，却为我们竖起了一个高大伟岸的形象。病痛拖不住前行的脚步，弯下的是腰杆，挺起来的是孩子们的希望。

朱景科于2014年3月份被评为“亳州好人”，2014年度“感动蒙城道德模范”称号、“心动安徽·最美人物”提名奖，2015年被评为“全国师德标兵”，2016年6月份被评为“安徽好人”，8月份当选“中国好人”，11月份荣获“第五届亳州市道德模范”称号。

2. 巾帼不让须眉　铿锵玫瑰绽放魅力——20年扎根基层的农村派出所女所长朱晓丽

警察的使命使她忘却了自己为人女、为人妻、为人母；但百姓的安危喜忧使她时刻牢记为人民、为平安、为和谐的宗旨和责任。她在平凡的岗位上默默耕耘，无私奉献，辖区百姓记住了她带来的安宁与和谐，单位同事记住了她奋斗的业绩与贡献。2017年5月19日，全国公安系统英雄模范立功集体表彰大会在北京召开，她受到了习近平等党和国家领导人亲切接见，她就是利辛县公安局桥南派出所女所长朱晓丽。

朱晓丽在做村民思想工作

在朱晓丽担任县行动队大队长期间，有一次她带领队员去办理一起毒鼠强案件，当包围了犯罪嫌疑人的家以后，发现人已经闻声而逃，但是很多作案工具和物证还在屋里，“进去，跟我上！”朱晓丽大声喊道。后来朱晓丽说：“现在想想我都不敢相信，我一个女人竟然带领着队员翻墙头进去了……”

还有一次，在一次抓捕行动中，朱晓丽的头发在慌乱中被扯下了一大缕，后来每次照镜子，她都为心爱的长发心疼不已……

其实，哪个女人不爱穿裙子？但是作为派出所所长朱晓丽下乡却不敢穿裙子，因为她不知道随时会有什么案件发生，她要随时保持一种冲锋在前的工作状态。

“你想干啥？住手！”朱晓丽厉声喝道，迅速控制住了带头打架的艾滋病人。一提到艾滋病大家都很害怕，但在当年朱晓丽所在的辖区——中疃镇就有艾滋病患者253人。有些病人对生活失去信心，情绪反常。在2011年12月21日上午11时，派出所接到110指令：在中疃镇张板桥村有艾滋病人聚集闹事、打架。接到指令后，朱晓丽迅速带领民警出警，到达现场后，现场一片混乱，一些艾滋病人手持棍棒、农具等，正在追打群众。

此时面临的无疑是鲜血乃至生命的危险，而片刻地犹豫，可能就有更多的群众受伤、流血。警情不允许有丝毫的犹豫，朱晓丽只有一个念头：冲上去、立即冲上去！

在没有任何防护装备的情况下，冒着可能被感染的危险，什么也没想，朱晓丽就立即冲入打斗的人群中。

“你想干啥？住手，我是警察！”朱晓丽迅速控制住了带头打架的艾滋病人，并进行制止、劝说，由于处理恰当，避免了一场群体恶性事件的发生。

后来有人问朱晓丽，当时你不害怕吗？朱晓丽说：“说实话，我能不怕吗！但在当时，想不起来怕，我只知道，咱是警察！这是职业所在，是警察，就不存在怕！”

在工作中，朱晓丽用她女性的细腻情感感化了一个又一个个当事人，收获了意想不到的效果。朱晓丽所在的辖区有一位王某因涉嫌故意伤害罪被上网追捕，在外躲避。她10多次上门做王某母亲的思想工作。王某70多岁的老母亲拉着她的手问：“警察同志，我就这一个儿子，他父亲早年去世了，出了这么大的事，他得坐几年牢？”朱晓丽拉着老人的手说：“大娘你放心，只要积极与受害者家属调解，赔偿到位，一定能够得到从轻处理。”

老大娘听后当着朱晓丽的面拨通了儿子的手机号码，电话里哽咽着说：

"孩子，快回来吧，咱派出所的朱所长到咱家都来了10多趟了，你老是在外边东躲西藏也不是办法啊，快回来把事儿说清接受处理吧！娘老了，娘想见你啊！"朱晓丽意识到时机成熟，立即接过手机，苦口婆心地在电话里劝说……

"朱所长，你别说了，就冲你为俺着想！为俺娘着想！我明天就回家自首！"终于，在外逃亡10多年之久的王某终于放下思想包袱，在家人的陪同下来到中疃派出所投案自首。

每年300多天待在辖区，朱晓丽付出了一个女人超常的工作量。别看所长官儿不大，可大小是个"一把手"，方方面面的事儿很多。

每年逢年过节的时候，朱晓丽都没在家待过。记得2010年的春节还下着大雪，大年三十朱晓丽去所里值班，因为雪大路滑，车子根本无法顺利前行，一不小心随时都有可能滑进路沟，而此刻已是万家团圆、鞭炮声声……

然而，车子还没到所里，朱晓丽就接到了所里转来的报警电话称，有人报警，情况是刚才给母亲上坟时，发现母亲的骨灰盒丢了。

"啥！你再说一遍，骨灰盒丢了……"朱晓丽在电话里简直不敢相信，偷啥的都有，偷骨灰盒干吗！并且还是在大年三十！

朱晓丽立即赶往报案地点，在路上她就分析，这极有可能是因为两家闹矛盾才发生的事情。果然，最后她陪着报案人步行了很久，在一条小河旁边找到了他母亲的骨灰盒！

在基层派出所工作以来，朱晓丽几乎没享受过一个完整的节假日、双休日，每年至少有300多天的时间在辖区，朱晓丽付出了一个女人超常的工作量。但是孩子上学从没有接送过，从没开过一次家长会；母亲病重住院时，朱晓丽正在远离家乡千里之外办案，没有时间照看。她何尝不惦记自己的父母、丈夫、孩子，但在她心底里有一个更加坚定的选择：那就是坚守，是敬业，是奉献。

2016年8月23日，朱晓丽将近万元奖金捐给大学校园内的贫困新生。近10年来，朱晓丽对两名艾滋孤儿实施无偿援助，使他们过上正常孩子的生活。目前，姐姐兰花已经结婚生子，弟弟小标已经梦圆大学。

女警，是巾帼不让须眉的铿锵玫瑰；女警，是柔情力量共存的别样绚丽。作为女警的一员，朱晓丽是女儿，是母亲，是妻子，但这些角色她觉得自己都没有诠释好，唯独人民警察的角色她问心无愧。作为一名基层派出所所长，她付出比别人多得多的心血和汗水。她用敬业和担当书写了大写的人生，用辛劳和无私践行着社会主义核心价值观，用责任心和使命感奠定着自己家乡的幸福和安定。她在男人堆里摸爬滚打，撑起半边天，她用女性特有的气质续写警察荣耀，沿袭着警察的坚守与传承，用自己的实际行动捍卫着法律的威严，维护着公安工作的生命线。她不与日月争辉，却默默传递着光和热，把青春和热情全部奉献给钟爱的事业。铿锵玫瑰，巾帼英雄，警徽因你更美丽。

从警以来，她荣立个人一等功一次，被安徽省公安厅评为“十大爱民模范”；2014 年 7 月被评为全国第二届“关爱明天、普法先行”青少年普法活动先进个人；同年 8 月被评为“亳州好人”；2015 年被中央文明委授予全国未成年人思想道德建设先进个人（全国公安系统唯一获得者）；2017 年 5 月被公安部评为“全国优秀人民警察”称号并受到习近平等党和国家领导人的亲切接见；2017 年 8 月被评为“中国好人”。

3. 25 年坚守护理工作　任劳任怨温暖病人心——身患癌症仍坚守岗位的“最美护士”张萍

1992 年参加工作，先后在儿科、内科、重症医学科工作，并担任病区的护士长，护理部副主任，积累了丰富的临床护理和管理经验。25 年的执着，因为热爱，不求回报，没有荣誉，没有奖章，只为那份坚守。她就是蒙城县好护士张萍。

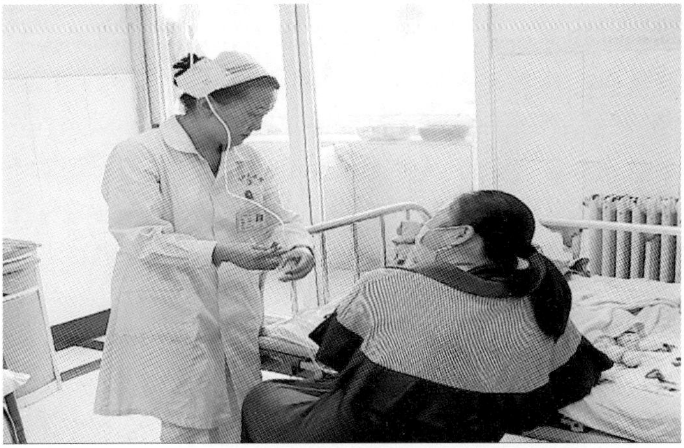

张萍在给病人输液

打针、换药、床旁护理、查房、做记录，护士的工作十分烦琐，又极其忙碌。张萍说，当时一个护士要照顾一二十个病人，从病人住院到出院，工作时间长达 12 个小时。

虽然每天忙得连坐一会儿的时间都没有，但张萍并不觉得辛苦，反而每天乐呵呵的。

因为业务熟练，年轻的护士们还给张萍起了一个外号叫“张一针”。即使同时有几个护士在，病人们还是会找张萍扎针。因为认真工作的态度，张萍几乎月月都被评为“满意护士”。

2004 年，因为业务突出，张萍被调到干部病房担任护士长，负责整个科室的护理工作。当时的干部病房和重症监护病房并在一起，许多危重病人都会在第一时间送到这里，时常会遇到紧急情况，所以，加班加点对于张萍来说已经是家常便饭。

2007 年的正月初六，正值春节假日，张萍科室里一个值夜班的护士突发疾病不能正常上班，在无法协调人员的情况下，正在休假的张萍义无反顾地顶了上去。当晚一共五六个情况特殊的危重病人，张萍不敢马虎，一个病房接着一个病房地巡查，从当晚 6 点一直工作到第二天早晨 8 点，整整忙碌了 14 个小时。

这时，病房里又送来一位心脏骤停的病人，因为在场的护士中，只有张萍有能力帮助医生做深静脉置管，所以张萍也没有推脱，立即配合医生对病人进行施救。

等到下班的时候都已经快到凌晨十二点了，因为一夜都在不停地忙碌走动，从蒙城县第二人民医院骑自行车到县委大院，这么短的距离，张萍竟然一点都蹬不动。

由于长期过度劳累，张萍经常会出现昏厥的情况。一次长时间介入手术后，因为不放心病人，张萍又赶去了病房，然而只是站在病房说几句话的功夫，张萍就晕倒在了病房里。等醒来时，张萍发现自己躺在病人床上，已经是大小便失禁了。

张萍形容自己，像是时刻准备奔赴战场的战士一样，只要工作需要，她就会赶到医院。然而，人的精力有限，更多的是取舍，对于张萍来说，她放弃的则是和家人一起团聚的时光和快乐，就算是女儿高考的日子，她还在忙于组织全县 700 余人参加的护理学术活动。

长期的加班熬夜和超负荷工作，给张萍的身体健康带来了严重的伤害。

2016年6月，她被检出患上了肺癌。噩耗传来，她犹豫过、彷徨过，也思索过。在张萍每天的生活中，除了工作，基本上没有其他内容，在工作中，她喜欢主动找活儿干，她可以不吃饭、不喝水、不上厕所，全身心投入，每当完成一项任务，感到比吃了蜜还要甜。如果不当护士，张萍好像什么都不会一样。想到这些，手术过后，2016年9月份，她毅然决然再次走上工作岗位，继续奋斗！

用张萍本人的话来说，尽管自己只是小县城里的一个普通护士，但是哪怕只像一只萤火虫，只要能够照亮病人康复的道路，只要能够为护理事业增添一丝光和热，就是她最大的满足。

“尽力提高护理的标准，慎守病人家务及秘密。竭诚协助医生之诊治，务谋病者之福利”，这是护理学奠基人南丁格尔作为护士所立誓约中的一段话，而张萍用行动践行了这一誓言，25年的执着，源于热爱，不求回报，只为那份坚守。儿科、内科、重症医学科，不管在哪科，她都兢兢业业，奋战护理一线；不管任病区的护士长还是护理部副主任，她都是护理战线的普通一兵，哪里有需要，就会出现在哪里。25年的坚守，靠的不仅是责任，更多的是爱心。她是令人尊敬的白衣天使，给病人带去健康的福音；她甘当南丁格尔的马提灯，照亮了病人生命的舞台。

2016年张萍被评为亳州市“十佳护士”；2017年6月张萍被评为“亳州好人”，2017年9月被评为“安徽好人”，2017年12月被评为“中国好人”。

4. 吐尽芬芳化春泥　带给人间无限爱——因劳累过度突发心脏病去世的百姓好官刘亚

刘亚，男，1968年6月生，涡阳县高公镇党委副书记（主持全面工作）。

他是一位付出毕生心血带民致富、扶贫帮困的乡镇“父母官”；他是一位用自家房屋抵押贷款为母亲看病的乡镇“当家人”；他是一位让组织放心派到“不放心地方”的共产党员。

刘亚在乡镇工作20多年，曾任涡阳县陈大镇党委书记、高公镇党委副书记，足迹踏遍陈大、义门、高公等多个乡镇。刘亚在高公镇主持工作时，高公镇整体工作在一年里从倒数第一跃居全县前列。母亲患有重病时，当了多年乡镇一、二把手的刘亚，却连为母亲看病的钱也拿不出，而是用房产证抵押贷款。刘亚调离高公镇后，依然为高公镇的招商奔波。刘亚说：“我在农村工作结束了，但是我要再站好这最后一班岗”，但就是在这班岗上，在调离的前一天（即将到涡阳县委组织部工作），刘亚同志因劳累过度突发心脏病不幸去世。

刘亚和妻子的结婚照

“谈恋爱那会，他最吸引我的就是会关心人，成熟稳重，助人为乐。结婚以后我才发现，在他心里，工作比我重要得多。”王丽说。

1996 年 8 月，刘亚被任命为涡阳县临湖镇科技副镇长，从此开始了 20 年的乡镇工作生涯。

“到基层工作以后，他整天忙得不见人影，我劝他多注意身体，他总是笑笑说，没事，趁年轻，多做点事，心安。”王丽说。

基层工作繁、难、碎，大到一个地方的远景发展，小到老百姓的家长里短，都需要基层干部谋划处理。上面千条线，下面一根针，上级的许多工作都需要基层干部去落实。

“刘亚在基层工作那么多年，从来没有抱怨过工作苦和累，他说得最多的就是能为群众办点事，心里感到踏实快乐。”“有时候我看他面容疲倦，觉得他工作压力很大，很心疼他，便劝他休息几天。可他从不把我的话放在心上，总是笑着说，谁让咱是个党员干部呢？在位一天，就要担起责任，不能愧对自己的良心。”王丽回忆说。

“3 月 7 日是刘亚调到县委组织部上班的第一天，8 日上午在家里吃的午饭，是我们家最后一次团圆饭。其实这个春节过后，我们一家人在一起吃团圆饭的次数，总共不超过‘一只手’。”回忆起那次离别宴，王丽两眼含泪。

“他资助的孩子，最近还发短信汇报成绩。”

“他说父母年纪大了，不多陪陪他们，等他们百年之后，想孝顺都没机会了。”王丽回忆说。刘亚平时工作很忙，难得回来，但只要他一回家，就拉着她一起去看望父母。

每次到父母家，刘亚就把外衣一脱，挽起胳膊，走进厨房，开始做饭。吃过饭，他又抢着洗刷碗筷，擦桌拖地，直到把屋里收拾利索，才坐下来陪老人说话，端热水为老人洗脚。

刘亚的母亲在6年前被先后查出患有格林巴列综合征和子宫癌。因为家里没有存款，他又不愿伸手找人去借，他便用自家房产证办理了抵押贷款，为母亲治病。这笔贷款直到去年才还清。

“在合肥为母亲治病的那段时间里，刘亚总是自己背着母亲，上楼下楼，别人要帮忙，他一律不让。”王丽说，“他是心里觉得对父母有愧啊，只有自己背着，心里才好受些。”

如今，白发人送黑发人，八十多岁的父母每天一遍遍摸着刘亚的照片，边流泪边念叨着他的名字。

老吾老以及人之老，刘亚经常会去敬老院看望老人，帮助他们解决实际问题。

“有一次他在家吃饭，说他刚去的那家敬老院伙食需要改善，得给老人们加餐，改天再去看下有没有改善。”王丽回忆说。

刘亚还资助不少贫困学生，每到节假日，都会买上学习用具、衣服之类的礼物给他们送去。“最近，他资助过的一些孩子还在给他发短信，向他汇报学习成绩。”王丽说。

前年，王丽花2000元买了一辆电动车。就是因为这样一件再普通不过的事，“心疼得要命”的刘亚严厉地数落了妻子一顿。

“他说，老人年龄大了，孩子也在上大学，处处都花钱，家里还欠着给母亲看病的贷款，如果咱们不省点，这日子咋过呢？”在王丽的印象中，这是平日里恩爱有加的刘亚第一次对她发这么大的火。

“人家女的什么都有，我连一件像样的首饰都没有。”忆及刘亚那次发火，王丽委屈地说：“他可是一个乡镇的堂堂镇长啊……”

对于自己的生活，刘亚很苛刻，一块大馍、一碟咸菜，往往就是一顿饭。他穿衣服也非常不讲究，常说的一句话是，衣服只要不脏、不烂，穿那么好干吗？

“他只有两套旧西服，走时穿的那套是6年前买的。去世前几天说，让我给他买一套新西服，说去合肥招商不能穿得太寒酸，当时有事就耽搁了。我要是早点给他买就好了……”说起这事，王丽至今非常后悔。

“我们家人平时很少过生日。去年我生日那天，儿子打电话说，他爸爸要给我过生日，还要给我一个惊喜。我很兴奋，就做好饭菜等他回家，可没想到他却给我买了一朵塑料花，还说这花不会凋谢，就像我们的爱情。如今，塑料花还插在我们家的花瓶里，他却永远不在了……”

刘亚把群众的事放在心上，却把自己亲人的事置之度外。“有好几次，我向他提出，孩子上大学了，老人的生活现在也能自理，你帮我找个工作吧!”已经下岗十多年的王丽说。“可是他说，我不能凭自己手中的权力为自己的老婆讨工作，更不能向组织上开口，这是他的原则，绝不能以权谋私。”“开始我有些怨他，后来我也慢慢理解他了，便不再说了。”

刘亚的姐姐和姐夫下岗约20年，前些年靠在校门口摆摊维持生活开支和两个孩子的上学费用，想通过弟弟的关系给办个低保。“他说，比你们家困难的还有很多，你们不符合条件，办不了。”王丽说。

吐尽心中万缕丝，织就人间无限爱。3月14日，在刘亚的追悼会上，涡阳县四套班子领导、县直各部门和各乡镇负责人以及各机关单位和刘亚生前工作过的那些乡镇的许多干部群众，纷纷自发地赶来为他送行。追悼会大厅内外、殡仪馆大院内外、连接殡仪馆的马路上，站满了前来致哀的群众，不少来自刘亚生前工作过乡镇的百姓泣不成声。

“刘亚只是一位普通的乡镇干部，竟有那么多的群众自发来为他送行，引起人们如此悲痛，我的心被强烈地震撼了，也深深理解了他。他的一生都献给了他所爱的事业，所以难以顾及我和家人。”王丽流着泪说。

2016年4月，刘亚被评为“亳州好人”“安徽好人”，6月份被评为“中国好人”，11月份荣获“第五届亳州市道德模范提名奖”称号。刘亚还荣获2016年度“心动安徽·最美人物”。

5. 退伍军人品质高　彰显崇高爱国心——20余年义务守护烈士墓的王爱民

20多年前，他在村子东南的山坡上发现了一片无人问津的烈士墓地，由于自己的父亲也曾是红军，他对烈士总有一种特殊的尊敬和崇拜，他不想让为祖国牺牲生命的烈士们太孤单，便开始默默地义务守护这片烈士墓，这一守候就是20多年。如今，这片曾经杂草丛生的烈士墓地已经成为当地一处爱国主义教育基地。他就是涡阳县石弓镇西关村村民、退伍军人王爱民。

王爱民每天都会给墓碑“洗脸”

二十多年如一日，风雨无阻地义务守护着烈士的坟墓。这是一件一般人很难做到的事情，涡阳县石弓镇西关村退伍老兵王爱民却始终默默地坚守着。12月28日早上，天气晴冷。起床吃了早饭后，王爱民拿着一块抹布和一个小铁锹来到这片烈士墓地里准备打理。虽然当时天气晴朗，但“冬至”已过，早上的最低温度只有零下4℃。

王爱民手中拿着工具缓步行走着，今年已经年届七旬的他身体还算硬朗。他的家离这块墓地大约200多米的距离，跨过一片片的庄稼地，才能到达墓地。这短短的路他已经往返了20多年，甚至每天都要来回走五、六趟。

到了地点，还要跨过一片草丛才能抵达墓碑。这时，太阳已经高高挂起，照射着这片墓碑。由于最近风大，墓碑上已经覆盖了一层浮灰。王爱民拿起手中的抹布轻轻地拭去这些浮灰。抹布滑过墓碑上的碑记，每擦一下，他都小心翼翼。

整理干净墓碑后，王爱民又接着拿起小铁锹开始处理周围的杂草。半个多小时过去了，尽管天气很冷，但他已经忙活得满头大汗，看着干净整洁的陵墓，老人的脸上露出了满足的笑容。

知道这座墓时，王爱民刚刚从部队退伍。“我在山上看到的这座墓，村里的老人说这里埋着的都是当年淮海战役时牺牲的烈士。”当时映入他眼帘的烈士墓“垃圾遍地、杂草丛生”，看到这样的场景，王爱民说，这让作为军人的他心里很不是滋味。

由于自己的父亲也曾经是红军，王爱民对烈士总是有着一种特殊的尊敬和崇拜。“别的做不好，但我认为我可以给他们一个整洁宁静的安息环境。”王爱民说，“我不能让为祖国牺牲生命的烈士们太孤单，为他们做一些事情也是应该的。”

如今，每到清明时节，都会有许多村民、学生前来扫墓、踏青。王爱民也会买上一束鲜花，准备一些祭品摆到纪念碑前。曾经和王爱民一起清扫烈士墓的战友在前几年去世，如今只剩下了他一个人。

时间久了，看到这零零散散数十座坟堆，王爱民就有了一个想法：我要为这些烈士们立一座碑，让后人世世代代纪念他们。

1992 年，王爱民向镇民政反映为烈士修建墓碑，以缅怀先烈、教育后人，此举立即得到镇政府的批复。刻着“革命烈士永垂不朽”的墓碑竖立起来以后，王爱民这才觉得烈士们总算有了“名分”。

王爱民表示，起初家人并不支持自己的做法，觉得没什么好处，如今，连他的儿子都在积极地帮助自己了。对于王爱民 20 多年来看护烈士墓的事情，附近的一些老邻居都很感动。“这么大年龄了，这么多年一直很热心，孜孜不倦地看护着烈士墓很不容易。”一位村民说。

对于将来可能面对的陵园迁移，王爱民说自己虽然有点不舍，但毕竟迁过去能纳入政府部门的统一管理中去。他停下手中的活儿，用袖子擦了擦额头的汗水说，“现在能多照顾一天是一天，只要陵园还在这里，我就会尽好自己的责任照顾好它。”

斗转星移，时光荏苒。王爱民守墓的事迹也在四邻八乡渐渐传开，无名烈士墓地也逐渐扩大了影响，附近的学校及社会各界人士常到这里敬献花圈，缅怀革命先烈。还有一些烈士亲属千里迢迢来寻亲，对于这些来访者，王爱民每次都热情接待，为他们讲解淮海战役的悲壮历史。如今，在王爱民的努力下，无名烈士墓已成为涡阳县爱国主义教育基地，王爱民也成了烈士陵园的义务讲解员。

王爱民，这位普通的退伍军人，用他的实际行动和爱国情怀教化着每一个人。2014 年底，王爱民守护 20 多年的烈士遗骸迁移至涡阳县烈士陵园。烈士有了归宿，王爱民也了却了一桩心事。

2013 年 5 月，王爱民被评为“亳州好人”，2017 年 1 月被评为“安徽好人”，4 月被评为“中国好人”。

助人为乐篇

1. 不忘初心　耄耋老党员情系扶贫攻坚——党的好儿女刘文贵、杨秀荣夫妇

已经是耄耋老人的他们，作为优秀共产党员的代表，不忘初心，情系党的扶贫事业。他们平时省吃俭用，勤俭节约，把积攒下来的积蓄 10 万元，分别以特殊党费和扶贫款的形式，于 2017 年 6 月 2 日和 8 日分别捐出。充分体现了两位老党员崇高的政治觉悟和思想境界。他们就是亳州市利辛县刘文贵杨秀荣夫妇。

刘文贵、杨秀荣夫妇

2017 年 6 月 2 日，已经近 90 岁的刘文贵亲手将 5 万元的特殊党费交到县委组织部干部手中，通过交纳特殊党费表达对党的无比热爱和深厚感情。利辛县委常委、组织部长、统战部长王飞热情接待了刘文贵和杨秀荣老人。“我们都已经是 80 多岁的老人，多年受组织的培养，现在想为党和人民再做点工作，但已力不从心，只能为党的事业尽点微薄之力。”刘文贵老人缓缓地道出

自己交纳特殊党费的初衷。

在特殊党费交纳仪式上，刘文贵老人谈起了自己年轻时的工作经历，说到了党对自己的培养和爱护。夫妇俩退休后，非常注重加强政治学习，关心国家大事。在了解国家正在实施脱贫奔小康、实现中国梦的政策后，考虑到脱贫攻坚任务艰巨，有不少困难群众需要帮助时，老两口商议后，决定以交纳特殊党费的形式，为我国脱贫攻坚工程做一份贡献。他用质朴的语言真情流露出对党的终身信仰和追求，生动诠释了如何做一名合格的共产党员。

利辛县委常委、组织部长王飞指出，当前，全国上下正在深入推进“两学一做”学习教育常态化制度化工作，我省正扎实开展“讲政治、重规矩、作表率”专题教育，刘文贵夫妇通过交纳特殊党费的做法，表达了老同志对党的一份心意，也是为我县广大党员干部上了生动的一课。全县党员干部要以刘文贵夫妇为榜样，学习他们的先进事迹，争做合格共产党员。

作为国家级贫困县，全县的精准扶贫工作时刻牵动着刘文贵老两口的心。6 月 8 日上午，退休老党员刘文贵、杨秀荣夫妇来到县政府办公室，亲手将 5 万元捐款交到县扶贫局干部手中，专门用于支持利辛县的精准扶贫工作。县委常委、常务副县长苗凤飞代表县政府对刘文贵、杨秀荣老人的善心义举表示感谢，对他们在耄耋之年、经济并不宽裕的情况下，仍能慷慨无私、扶危济困的高尚品德表示由衷的敬意。

刘文贵夫妇退休仍不忘自己是一名党员，关心党的事业和国家建设，坚持做到“人虽然退休，但思想上不能掉队。”这对退休老党员夫妇的平凡岁月，蕴藏着强大的精神力量，深深地感染着我们：做合格党员，勿忘誓言，不忘初心！

得知刘文贵、杨秀荣两位已是耄耋之年的老党员，缴纳特殊党费、为扶贫捐款的善举后，记者一行几经周折才说服他们，上门采访二老。

就在我们向周围群众打听刘文贵老人的住处的过程中，笔者还一直想象着，老两口过去一定是个中产阶级水平，生活富足，衣食无忧的。按照邻居们的指引，展现在我们面前的是位于原商务局家属院的一个只有几十平方米的小院，还都是 20 世纪 90 年代早期的砖瓦房。老式破旧的大门、红砖铺地的小院，但小院里干干净净，月季正值花期，歪脖子石榴树上，小花儿含苞待放。

老人戴着老花镜，笑脸相迎，让人不敢相信，对面亲切随和的刘文贵已经近 90 岁的高龄，基本上还是耳聪目明，没有交流的障碍。看得出来，老人很喜欢和年轻人交流，谈话很快转入到老人丰富经历上来。

作为家中长子，父母当初一直阻止他外出。直到1951年，投奔在阜阳苏集区工作的同学，到区委民警班任司务长。由于识字有文化，善于理财管理，很多人干不好的司务长，在他的打理下还略有结余。10个月后民警班解散，由于工作突出，刘文贵是民警班唯一留下的一个，被安排到乡里做材料员。同样因为工作突出，1953年提干，任苏集区宣传干事兼任组织干事，并入党成为一名共产党员。老伴杨秀荣就是那时认识并走到一起的，杨秀荣党龄还要早一年。

1965年利辛建县时，刘文贵作为首批下派干部，到县委宣传部担任干部干事，之后参加过青阜铁路的修筑，担任过县人民医院党委书记、胡集公社副书记、县地震办公室主任，1980年调任县商业局副局长，由于组织部门的工作失误，正科级干部轮岗到副科级岗位，老人没有说什么，直到退休时才恢复正科级待遇。

目前刘文贵和杨秀荣老人在养老院生活，最近因为家中有病人才临时搬回老房子住几天。在养老院每人每月要缴纳1400元费用，老两口就是2800元，他们每月退休金5000余元。刘文贵、杨秀荣两位高龄的老党员，育有5位子女。最小的独子今年才48岁，是县糖酒公司下岗职工，两个孙子都在上学，用刘文贵的话说："生活上还能贴补儿孙一些。"

老房子还是20年前的装饰，甚至为了节省，当年儿子结婚装修房子时，老两口的卧室都没铺地板砖，至今还是水泥地面。如今，家具简单破旧，室内墙皮脱落，再看到端茶杯都颤颤巍巍的老人，不禁让人顿生怜悯之心。刘文贵老人自己是三高人群，又有轻度脑萎缩；老伴杨秀荣低血糖、心脑血管和腿部也有毛病。但老人对捐款一事却没有丝毫犹豫，这是他们俩长久以来的心愿——不管钱多钱少，为党和政府的扶贫事业捐一部分，给儿孙留一部分，自己应急有一部分就行了。老人告诉我们，自己的身后事都计划好了，已经把遗嘱写在了笔记本上——死后不开追悼会，移风易俗，骨灰就撒到西淝河里。自己在利辛县工作生活了大半辈子，这里就是自己的故乡。

两位老人退休多年，省吃俭用，把积攒下来的十万元捐赠出来，用于支持扶贫事业，多么可爱、无私！不争守静，清贫度日，却心系贫困群众；不忘初心，模范带头，就是优秀党员。高山不弃抔土，是以成其高。没有华丽的亮相，没有壮烈的举措，刘文贵、杨秀荣夫妇节衣缩食的十万元，谱写了行将暮年的晚歌，唱出对党、对人民、对家乡、对道德的毕生追求，开发出人间真情的源头活水。人间有烟火，平凡有大爱。刘文贵杨秀荣夫妇以自己的实际行动向我们诠释了无私奉献的真正含义，老两口值得我们尊敬和爱戴！

2017 年 6 月刘文贵和杨秀荣夫妇被评为“安徽好人”11 月份被评为“中国好人”。

2. 一杯豆浆送四年　爱的琼浆暖人心——免费为学生送热豆浆的“豆浆夫妻”李炳倩和信玲

李炳倩，男，1964 年 6 月生；信玲，女，1965 年 1 月生；亳州市谯城区花戏楼办事处居民，在亳州二中西校区卖豆浆。

亳州二中西校区校门口有对卖豆浆的夫妻一个多月时间为 2500 多名高三生每人送一杯热豆浆、一年来资助多位贫困学生、一直以来学生修自行车只收成本钱……豆浆夫妻做的点点滴滴，学生们未曾忘记。李炳倩夫妇先后被评为“安徽好人”“第五届亳州市道德模范”。

豆浆铺位于亳州二中西校门外，一间房大小的简易棚。近日，亳州二中高三年级学生王浩和几个同学回到学校，看望这对卖豆浆的夫妻。三年的相处，让他们成了无话不谈的朋友。

李炳倩、信玲夫妇

李炳倩夫妻俩在校门外修车子、卖豆浆已有多年，热情、善良是他们给学生留下的最深印象。虽然高一、高二学年中，王浩与他们夫妻俩也较熟识，但他们之间感情的加深还要从高三那杯暖人心的豆浆说起。

去年高三学生刚开学不久，每天上午第二节课后大休息时间，李炳倩都会用箱子端着一杯杯豆浆，送到教室放在每位学生的课桌上。

一天时间让高三年级 43 个班级每人都能品尝一杯豆浆不现实，李炳倩决定每天送一个班的豆浆。豆浆机有限，除去卖的，每天早上还要多做六七十杯豆浆，为了在大休息期间准时将豆浆送到学生手中，夫妻俩一般从夜里两点就起床干活。高三年级共 43 个班 2500 多名学生，他们送了一个多月。

“一杯豆浆虽小，可放在手中却是异样的温暖与感动。”王浩还记得李炳倩将豆浆送到他课桌上的那一幕，班级在四楼，李炳倩将一箱豆浆搬到教室时已是气喘吁吁。

当时王浩正在写作业，突然桌角出现一杯豆浆，他仰头惊诧地看着李炳倩。李炳倩笑呵呵地说：“孩子，要好好学习，考上好大学，父母供养你上学不容易。”

一时间，李炳倩送豆浆的事情在年级内传开，看到他搬着箱子上楼，学生们便会争相帮忙。“孩子们都说我做的豆浆好喝，我的儿子也经历过高三，这一年孩子压力大，学习不容易，就是想给他们打打气。”李炳倩说出他送豆浆的初衷。

与此同时，李炳倩资助贫困学生的事也在学生间传开。长时间在校外卖豆浆，李炳倩听闻有些学生家庭贫困，学习却很刻苦。每次获知这样的消息，他都会立刻打听学生的消息，了解他们的家庭状况，或多或少给予一些补助。一年多来，他给予近十位学生资助，学生们还专为这个资助设了个名字，为“校外助学金”。

虽然李炳倩夫妇两人免费给学生送豆浆、资助贫困学生，可是，他们的家庭并不富有，甚至是刚刚脱贫。李炳倩老家在谯城区谯东镇，49 岁，儿子现在就读华侨大学，母校也是亳州二中。在儿子读初中前，家里因为一次事故变得一贫如洗，为了供养儿子上学，夫妻俩在人民路亳州二中附近租了一间房子，在路边修车子。

儿子读初二时，学校搬到现在的西校，夫妻俩也随从儿子将修车生意转移到西校。“修车子挣不了多少钱，还得交房租，儿子上初二时学费都交不起，最后学校给免了一部分，儿子才顺利完成学业。非常感激学校。”李炳倩说。

2011 年，儿子考入大学，家里负担加重。他和妻子在校门外搭了一间简易棚，增设了豆浆生意。近两年，虽然生活状况有所好转，但夫妻俩特别节俭。记者注意到，简陋的棚内，除了一张床就是一些打豆浆和修车子的工具，连风扇、电视、冰箱等一样电器都没有。

对自己节俭，可是他们对儿子和学生却从不吝啬。在校外修车子，遇到家庭贫困的学生，修车子从来不收取费用。“我们穷过，知道再苦不能苦孩子，一定要让孩子安心读书。”李炳倩说。

“他们夫妻俩对自己特别节俭，可对儿子和学生非常大方。”亳州二中一位老师告诉记者，李炳倩平时连顿肉都不舍得吃，且很少买青菜。晚上为了省电，就在路灯下乘凉。

正是这样一对夫妻，在精神和物质上给予了学生们源源不断的帮助。“孩子们都喜欢我，生活或者学习中遇到困难都会给我说，我就开导他们，农村孩子上学不易。”李炳倩如是说。

高考前，三位学生给学校领导写信，表达他们对李炳倩夫妇的敬意。一位受李炳倩资助的学生在信中写道：一个素不相识的人竟会如此帮助我，从第一次接受他们帮助的那一刻起，我就告诉自己，他们是我的亲人，不管将来我是否会成功，我都会用自己的爱心回报他们，回报社会，将爱心传递下去……

9 月份开学，亳州二中西校学生就要搬到亳州二中新校区了，豆浆生意何去何从，是李炳倩现在最头疼的问题。只有有了钱才可以给贫困学生更多帮助，他正在着手在新校食堂租两个窗口，他说如果一切顺利，免费送豆浆继续，爱心继续。

2013 年 7 月份，李炳倩、信玲夫妻被评为“亳州好人”，8 月份被评为“安徽好人”，11 月份被授予“第五届亳州市道德模范”称号，2017 年 5 月份当选“中国好人”。

3. 快递小哥遇车祸离世　家人大爱奉献社会——刘文军家庭忍痛捐献器官救别人

2017 年 2 月 27 日，江苏常州快递小哥刘文军（亳州利辛人）在送货途中遭遇车祸，经医院全力抢救仍不幸离世。而在承受巨大悲痛的同时，这个家庭的几位成员共同做出了一个重大的决定：捐献器官。最终，这名 90 后快递小哥捐献的器官，挽救了 4 个陌生人的生命。刘文军家庭的义举经媒体报道后，立刻牵动了常州城里无数人的心。

刘文军是中通快递常州公司一名普普通通的快递小哥。他有一位美丽勤劳的妻子肖利利，还有一双聪明可爱的儿女，女儿 7 岁读小学，儿子 5 岁刚上幼儿园。父亲刘良太 1993 年就从老家安徽亳州到常州的企业上班，13 年前刘文军也跟着过来打工，算得上真正的一代“新市民”，对常州这个第二故乡有着深厚的感情。2016 年，刘文军辞去原有的工作，当上了中通快递前黄营业厅的一名“快递小哥”。从此，他每天起早摸黑、披星戴月奔波 12 个小时，为了一家人的幸福生活风雨兼程。他们筹划着要贷款买一辆小汽车，可以帮

刘文军去世后家人的合影

着送送货，等赚够了首付款，就在附近买一套房子。同事说，刘文军虽然是“新手”，但他很勤奋，特别肯吃苦，一来就给人留下了深刻的印象。

谁也没料到，怀揣着梦想的刘文军当上“快递小哥”仅仅两个多月，不幸就降临了。

2 月 27 日，刘文军在送快递的过程中不幸遭遇车祸，头部严重受伤，被送到常州武进医院抢救。3 月 2 日，医生全力以赴抢救了整整 5 天后，刘文军的病情继续恶化。

此时，医生告知刘良太，他儿子已经救治无望，问他们是否考虑过器官捐献，“让生命以另外一种方式延续”。

3 月 3 日，刘良太和家人商量器官捐献的事，刚开始，妻子和儿媳表示坚决反对。刘良太劝她们：“器官移植到别人身上，等于小军的一部分还活在世上。哪天我死了，也拿我做个标本，我们父子俩都为医疗做贡献。”就在那天深夜，全家人忍痛达成了一致意见。

最终，刘文军的肝脏、肺和两个肾脏分别被移植到南京、无锡、常州 4 个不同病患者的身体里，挽救了 4 个素不相识者的生命。

然而，刘文军家人在悲痛之中做出的如此重大的决定，却没有对外界透露半点风声，尽管他们还欠着 7 万多元医药费。

刘文军的器官捐献半个月后，才被武进一家媒体报道出来，随后，省、市级各大媒体，包括央视新闻频道，都做了深度报道。

接下来的事，让刘家人始料未及。全家人的义举和不幸遭遇经媒体报道后，立刻牵动了常州城里无数人的心。一批又一批热心的常州市民来到刘文军的家中，捐钱捐物，送上最真诚的慰问，帮忙解决他们家里的实际困难。

医院免去了刘家所欠医药费，多支志愿者服务队与刘家结对，承诺长期帮他们解决生活困难；多个爱心团体承诺把刘家一儿一女的学习费用包下来……

好心人一遍又一遍地问："你们还需要什么？还有什么心愿？"憨厚的刘爸爸说："我们啥都不需要了，只希望那4位接受移植的人一生健康平安。那样，我们就觉得儿子没有死，他还活着，活在他们4个人的身体里。"

2017年3月刘文军家庭被江苏省推送为"中国好人"，4月份荣获"安徽好人"。

4. 风雨成败三十年　不改善良本性——涡阳爱心企业家陈伟

今年48岁的陈伟，14岁踏入社会，曾卖过报纸、卖过玻璃工艺品、卖过建材、做过涂料、当过临时工、开过公司、当过大老板。干过几十个工作岗位的陈伟，曾在他干得风生水起之时，因种种原因公司破产，几百万的家产不但一无所有，而且还欠了很多高利贷。

陈伟在和乡亲们聊天

“当时企业倒闭的时候对陈伟打击特别大，但他觉得自己如果就这样认输了，一辈子就完了，不能就这样被打败，他又重新振作了起来。”陈伟的亲戚说。公司的破产，不但没有把他打倒，他反而把这当作是一种经历和历练。经过十年的奋斗和努力，曾经被生活拉到谷底的他又站了起来。如今的陈伟，已经是6家火锅店和一家酒厂的老板，自己研制的很多关于白酒的项目申请了专利。

再苦不能苦老人，再穷不能穷孩子。这是陈伟经常挂在嘴边的一句话，也是他爱心救助别人的出发点。在今年涡阳县妇联组织的“春蕾计划”资助贫困大学生活动中，陈伟一下子资助了两个大学生4000元，并且答应资助他们到大学毕业。“我是一个从农村走出来的穷孩子，当年就是因为交不起十三元八角的初三学费而提前辍学，我不想让很多孩子因为穷而上不起学。”这是陈伟在一次资助两名大学生后的感慨。陈伟关心贫困学生，更关心弱势群体的生活。今年8月份，龙山镇的有个名叫露露的小女孩因点蚊香不慎引起火灾，全身严重烧伤在蚌埠一家医院住院治疗，家庭条件十分贫困的小露露需要花费大量的医药费，陈伟得知后，不但自己第一时间进行捐款，还积极呼吁大家捐款。

前不久，陈伟从新闻上得知石弓镇有一位八十多岁的杨王氏老奶奶独自照顾两个智障儿子多年，家庭特别贫困。陈伟了解情况后深深地被这份伟大的母爱震撼。他先后3次开车去看望这位伟大的母亲，村里的路不好走，但他还是坚持自己开车，拉着满车的生活必需品给杨奶奶送去，他还表示以后会经常来看杨奶奶。

有一次，陈伟在洗车时无意发现一位独自住在简易棚的70多岁的老大娘，简易棚里卫生状况极差。看到这种现状，陈伟直接到超市给她买了很多生活用品，并出钱让洗车的大姐帮忙照看大娘，看到陈伟的善举，那位大姐感动地说：“你是个好心人，这个钱俺不能要，但俺一定会照顾好老大娘。”

“企业就要帮助群众做点事，让市民得到真正的实惠，不然就失去了企业生存的意义，在涡阳招工必须要设低门槛。”陈伟介绍说。他在招聘时因人而异安排工作，从服务员到大堂经理；从车间员工到销售主任，陈伟为市民量身定做岗位，帮助他们就业，让他们找到自己的价值。今年51岁的邵大姐是西阳郭寨人，家庭条件比较贫穷，两个儿子又面临着结婚，重重的压力压得她喘不过气来。“自己又没什么大本事，出门挣钱又不够料，啥时候也改变不了家庭的穷。”邵大姐说。陈伟了解后，主动找到邵大姐，请她到自己的火锅店里当清洁工。邵大姐贫困的生活得到了改善。据了解，3 年多来，陈伟的企业先后解决了 20 多人就业。

活着爱心救助他人，死去依然帮助病人。在陈伟的一个箱子里装满了献血证书，但一份特殊的志愿书更让笔者震惊。2012 年的一天，身在江苏常州工作的陈伟签订了一份特殊的志愿书——《中国人体器官捐献志愿书》，在陈伟签订的那份《中国人体器官捐献志愿书》上，笔者看到，陈伟选择了自愿捐献肾脏、肝脏、心脏、肺脏、胰腺、眼睛、小肠及其他一切可以捐献的健康器官。

“其实当初做这个决定我也没想那么多，就是觉得每年因为器官衰竭而去世的病人有很多，在自己即将去世时将自己的健康器官捐献给那些需要的人，让病人重获新生，这是一件很有意义的事，如果自己去世了，能给社会留下什么?”

陈伟的大爱精神很值得我们每个人学习。很多亲戚朋友听说陈伟的这个举动后，纷纷竖起大拇指：“陈伟就是我们的榜样，他的这种无私奉献社会的精神，是我们每个市民需要学习的。”

2016 年 11 月，陈伟被评为“亳州好人”。

5. 热心公益　群众眼中的“平民慈善家”——全国优秀志愿者曹洁

提起曹洁的名字，凡是接触过她和她帮助过的人，都称赞她是一位具有浓浓爱心的好人，她的言行举止闪烁着雷锋乐于助人的精神。多年来，她积极弘扬“奉献、友爱、互助、进步”的志愿者精神，坚持从我做起，从身边小事做起，积极组织、参与下乡助学、关爱留守儿童、关爱孤寡老人、为重病患者捐款捐物、为贫困乡村学校和特教学校学生捐书等公益志愿者活动，用爱心给光荣院、敬老院的老人送去欢乐，为特困户、为癌症患者送去温暖和希望。她被人们亲切誉为中华药都之城的“贫民慈善家”。

曹洁常说，孩子是党和国家的未来，能为参加中考、高考的孩子提供一些力所能及的服务，心里总有一种快乐感和幸福感。自 2010 年以来，每年的中考、高考期间，她都积极组织爱心志愿者参加爱心志愿服务台，为考生家人免费提供茶水、早餐，维护考场外秩序，并开展相关的咨询活动。考试期间，她和其他志愿者们每天一大早就来到考场周围展开服务，直到当天考试结束才离开。

曹洁（左）与道德模范张西军（右）一起带领盲人上火车

乡下孩子们的上学条件艰苦，经常缺少学习书籍，这些一直在曹洁的心里惦念着。自2011年以来，她经常组织志愿者开展为贫困学生送书活动。先后为贫困学校的学生送去了《弟子规》《雷锋日记》《雷锋故事》，以及小学生作文、中外名著等书籍。用自己的爱呵护着每一颗幼小的心灵，把一腔赤诚奉献给为圆美丽中国梦而渴望知识的孩子们。

助人为乐，是曹洁人生中的一个准则。她乐于助人，让爱心在平凡的人、平凡的事中传递。只要她力所能及，都会去帮助人们解决一些实际困难。特别是她患重病手术后恢复期间，她并没有按照医生的医嘱躺在家里休息，爱心协会组织的每一次志愿者服务活动都会参加。难能可贵的是，自2013年以来，她拖着虚弱的身体积极组织开展春运志愿者服务活动。火车站春运期间，一会帮旅客拿行李，一会帮女旅客抱小孩，一会又到进出口处维持秩序。在春运现场，哪里有需要帮助的旅客哪里就会出现她的身影。

有一天，她由于多日劳累身体有些不适，次日早晨想多休息一会。结果，还是被火车站一位领导的手机声催醒了。当得知火车站秩序混乱，急需志愿者前去维持时，她毫不犹豫起床走出家门，一边打的，一边拨打手机，请其他志愿者火速奔往火车站。就是这一天，她下午3点才在火车站随便买了一点食品充饥。这一天，她累病了，晚上在她家附近一家诊所输液至深夜。对此，她毫无怨言。2014 年至2015 年，她连续两年荣获“优秀春运志愿者”荣誉称号。

曹洁常怀一颗感恩之心，主动帮助弱势群体，积极组织参与各种爱心捐助、帮残助困活动，尽己所能付出爱心。2014 年 9 月至今，她先后组织为涡阳县城西镇的盛丽、谯城区的栗峰、侯素美等贫困学生捐款；2014 年 11 月至今，她组织为谯城区大寺镇李大庄乳腺癌患者王丹丹捐款近万元；2015 年 3 月，她为谯城区孪生姐弟脑瘫患者左欣欣、左佳佳组织捐款 6600 元。曹洁认为，在人的一生中，难免会遭受灾难和病痛。一个人的捐赠善举是微不足道的，如果大家都行动起来，捐赠不论多少，善举不分先后，日月积累，世间将会被爱心灌注，一定能汇成爱的暖流。她表示，今后将一如既往地关注和帮助需要帮助的人。

光荣院的革命老前辈，为了中国人民的解放事业南征北战，立下不朽功勋。驻地部队官兵正在为亳州市的建设和发展保驾护航。2014 年以来，曹洁一直关注着光荣院革命老前辈和驻地部队官兵的业余文化生活。她多次组织爱心团队、爱心人士开展爱心志愿服务，带着优秀的文艺节目走进光荣院和驻地部队军营，与革命老前辈和部队官兵同欢同乐，共同憧憬实现美好中国梦。

2015 年 9 月，曹洁在朋友微信圈里看到淮海好人网创办人孙超转发的当地主流媒体《都市晨报》上的一篇报道《患癌妈妈想为女儿办个成人礼》，深深被患癌妈妈坚强乐观的精神所感动。尽管是亳州以外 300 多里跨省的城市徐州，但她还是毫不犹豫地将火热的爱心传递了过去，她积极联系到淮海好人网创办人孙超，在第一时间委托他将 200 元善款送到患癌妈妈的手中。

2015 年 4 月，“感动药都”志愿服务优秀典型评选揭晓，长期关注弱势群体、帮残助困的志愿者曹洁荣耀当选！这不足为奇，因为曹洁用一颗真诚无私的爱心，长期为身边许许多多弱势群体送去温暖和快乐。她真诚的付出，无私的爱心奉献，必然会受到大家的赞同和认可。“我会一如既往地关注和帮助那些需要帮助的人，也希望能有更多的爱心人士加入我们，共同奉献爱心。”曹洁说。

曹洁曾荣获“感动亳州人物”“学雷锋标兵”“亳州好人”“全国优秀志愿者”等称号。2016 年度荣获中国好人网优秀志愿者，同时被评为全国第五届“帮好人万里行”活动优秀志愿者。

见义勇为篇

1. 勇救落水儿童和孕妇 不求回报默然离开——五旬“馍哥”楚俊清

楚俊清，男，1967 年 10 月生，家住蒙城县三义镇楚楼村大楚庄，农民。在我们身边，总有这样一群人过着平淡的生活，看似平凡而渺小，却总能在危急时刻挺身而出，让人倍感温暖广为称赞，“馍哥”楚俊清就是这样的人。

馍哥楚俊清

家住蒙城县三义镇楚楼村大楚庄的楚俊清虽然已经年近半百，但是每天都过得精神抖擞，红光满面，用他自己的话说就是心态还像“半橛子”。年轻时的他奉行“父母在，不远游”的传统思想，在家照顾父母，是附近出了名的孝子。父母去世后他辗转各地打工，直到两年多前，他在亲戚那学了蒸馍的手艺，从此开始了走村串乡卖馍的生活。

楚俊清每天上、下午都骑上他的专用三轮车沿着三义镇西北方向去卖馍，足迹遍布济祁高速以东、界阜蚌高速以南一带，他笑称自己的馍卖过两县三乡（三义镇、小辛集乡、利辛县望疃镇）。由于他家蒸的馍不仅好吃而且实惠，所以每天都是满载出去，空车而归。

2017 年 11 月 8 日上午，楚俊清像往常一样骑着自己心爱的“馍的”出去卖馍。11时左右，他骑车行至利辛县望疃镇辛沟村曹西路口时，不经意间看到南北路西侧水沟里翻进了一辆三轮车，水里数人正在挣扎，眼看水都没过了头顶，岸边还有一位手足无措的妇女愣在那里。“不好，有人落水了！”楚俊清心里一紧，立即丢掉三轮车往落水方向跑，边跑边大声呼喊：快来救人……

楚俊清跑到落水地点后顾不上脱鞋，一脚就跳进了水里。说时迟那时快，他顺着陡峭的沟沿迅速将水中的三名幼童救上了岸，随后又与陆续赶来的村民一起将另一名幼童和孕妇拉了上来。楚俊清问孕妇：“沟内还有没有人没救上来？”孕妇这才反应过来，上前就给楚俊清磕头，并说：“没有啦，谢谢你，是你救了我们一家，要不然孩子全部要淹死啊！你是好人！”楚俊清说：“不管不是谁见到都会救的，不用谢我。”成功救上所有落水者后，楚俊清给幼童们的爷爷打了电话，挂上手机时显示时间为上午11点7分，整个救人过程在十分钟之内完成。

时值立冬，气候寒冷，落水的孕妇和幼童们上岸后浑身发抖，脸色煞白。怕孩子冻着，楚俊清就联系住在路口的曹阿姨，曹阿姨热心地招呼她们一家来到家中，给孩子们换上了自己家孩子的衣服，并将幼童们在床上用被子捂了将近一个小时。待他们神情恢复正常后，中午12时左右才送他们离开，然后楚俊清继续卖馍。

经过询问得知，落水三轮车由幼童们的奶奶驾驶，行至此处时，奶奶见路边有卫生间就下车方便。由于手刹未拉，三轮车顺着沟沿就掉进了水里，车上坐着身怀六甲的儿媳妇、三个小孙女和一个小孙子，来不及下车就全部跟着三轮车落了水。据附近村民介绍：这条水沟虽然不宽，但是由于修路挖土，加上上月连续下雨致水深达两米多。事发时幼童们的奶奶大脑一片空白，甚至不知道喊人。若不是楚俊清路过及时发现并迅速展开行动，后果不堪设想。

当天下午，楚俊清继续乐呵呵地在附近村庄卖馍，晚上在微信同学群里聊天时，他才无意中提到了此事。同学们纷纷称赞他见义勇为的行为，他却不以为然地说：“这不正常嘛，谁遇见这样的事都会义不容辞地去做啊！”

村民知道他连续救了5个人后，纷纷称赞他是见义勇为的好人。他说：“当时发现有人落水，第一反应就是赶紧救人，没想其他的。如果不救她们，自己良心上也过不去。不救人，这个社会还有和谐吗？人类还有意义吗？见死不救，一律同罪。”是啊，这个社会还是好人多。有句话说得好：朴实存精致，平凡见真章。

楚俊清在2017年11月份被同时评为“亳州好人”和“安徽好人”。

2. 好村民冒死救落水儿童　义举托起祖国未来——救人英雄陆青山

“救命呀！救命呀……”2015年7月12日上午10点左右，亳州利辛县中疃镇中疃村陆弯庄5名孩子掉进了河沟里，一位村民发现后，不顾自己的老寒腿，跳进河里接连抢救出4个孩子。可惜的是，最后一个孩子因溺水时间太长而身亡。这个关键时刻挺身而出、跑到水里奋力游向孩子的救人英雄，就是利辛县中疃镇中疃村陆弯庄的41岁农民陆青山。

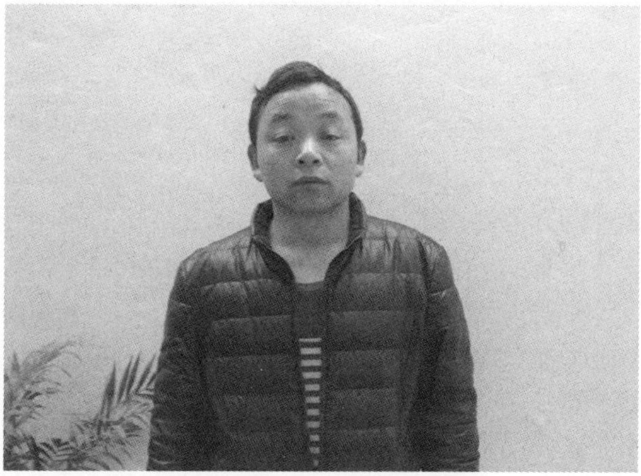

救人英雄陆青山

当日上午10点左右，正在自家房子里看新闻的利辛县中疃镇陆弯庄村民陆青山，突然听到从庄北边的方向传来急促的呼救声。他急忙跑出去，以最快的速度跑到沟边，发现房屋后面沟河里有四五个人头上下浮动。到了沟边，他看到四名小男孩正在沟的深处挣扎，其中一名小女孩已经不见了踪影。

情况万分危急，时间就是生命！陆青山来不及多想，脱掉身上的衣服，顾不上自己的老寒腿，迅速甩掉鞋子，跑到水里奋力游向孩子。陆青山左手抓住孩子胳膊后，右手用力去拉其他几个孩子，随即用尽全力朝岸边游去。由于河水比较深，陆青山本来水性就不好，他吃力地朝岸边游去，快到岸边时，由于用力太大脚被划破，他忍着疼痛坚持着，把儿童救到岸边交给不会水性的爷爷后，再返回抢救其他的落水儿童。这时，同样听到呼救声赶来的其他村民一起帮忙将四个儿童拉上岸，并及时进行控水抢救，四个儿童都无大碍，但抢救第五个最小的小女孩时，小女孩已经不幸溺水身亡。

原来当天上午，陆井良老人带着三个儿子的孩子：五六岁的孙子陆雨阳、陆雨露、陆思梦、7 岁的陆文恒和 5 岁的孙女陆文月乘坐爷爷的三轮电瓶车赶集回来，顺便到河外的玉米田间看玉米。由于爷爷下车后忘记拔下电瓶车的钥匙，6 岁的男孩陆雨阳把车打开，不慎开进了河里，5 个儿童相继落入水中，而且越扑腾越往深水处滑。在岸边 5 个小孩的爷爷陆井良看到电瓶车落水后，因为不会水性，站在河水中哭着喊人来救，幸好陆青山及时赶来，不顾自身安危救回孩子。5 个小孩的爷爷陆井良，紧紧抓住陆青山的双手，泪流满面的连连磕头："要不是你挺身而出，见义勇为，恐怕我 5 个孙子孙女都没有了，我怎么向我三个儿子交代呀？你的恩情我们一家人一辈子都不会忘记啊！你是我们家的大恩人啊！"

陆青山见义勇为、舍己救人的事迹很快被传为佳话。安徽电视台公共频道栏目组收到表扬信后，及时派出记者赶到中町镇陆弯进行现场采访，对陆青山抢救 5 名落水儿童的感人事迹进行了专题报道。

憨厚、朴实的陆青山，是利辛县陆弯村的一名村民。在中学时代，陆青山就年年被评为"三好学生"，后来因为家庭贫困，母亲年老体弱，没有继续上学，就在家干活孝敬父母，农闲时就打一些零工。陆青山经常教育自己的子女做人要诚实守信，堂堂正正。去年他的大儿子高中毕业了，镇武装部正在进行兵役登记，陆青山就主动鼓励儿子报名参军，他对儿子说，好男儿志在四方，部队是个大熔炉，你到部队去锻炼锻炼吧，况且报名参军是每个青年应尽的义务。陆青山的大儿子经过体检政审合格，成了一名军人。当年就在部队立功受奖，受到县人武部的表彰。

多年来，他都习惯将邻里的事当成自己的事来干，谁家有了困难他都主动帮忙，是出了名的"热心人"。对于自己勇救落水儿童的事迹，陆青山看得很淡然。"两米多深的水沟，你都 41 岁了，怎么敢跳下去救人啊？腿抽筋了咋办？多危险呀！"事后问他时，他却说："下水救人，见义勇为，这是任何一个普通人都会做的事。我当时也没想那么多，第一反应就是救人。"

陆青山勇救落水孩子的事迹传开后，在中町镇干部群众中引起了强烈反响，中町镇党委政府号召全镇广大干部群众向陆青山同志学习，学习他见义勇为、舍己救人的崇高品质，镇文明办、书香宣讲团也对陆青山的事迹进行宣传，要求全镇干部群众学习他勇救 5 名落水儿童、做人诚实守信的无私奉献精神，为建设美好中町、和谐中町、幸福中町做出贡献。

“看见孩子落水，无论是谁都会挺身而出的，这是任何一个人都会做的事。”陆青山朴实无华的言语，映射出一位农民见义勇为的善举和美德。他用一双正值壮年的双手，托起了初升而险些被乌云遮没的太阳。他内心深处有着“为人”的信仰，不顾鲜血与河水相溶，不知伤口的疼痛，只为把溺水的生命擎到岸上。他托出的是生命，擎起的却是希望。他值得我们尊敬和爱戴！为他点赞！

2016 年 8 月陆青山被评为“亳州好人”，2017 年 3 月被评为“中国好人”。

3. 退伍军人舍己救人　退伍不褪色——三入涡河救出婴儿的赵亮亮

赵亮亮，男，1981 年 7 月出生，2000 年 12 月入伍，在部队服役 16 年，先后荣立三等功一次，荣获“优秀士兵”一次、“优秀士官”二次，被部队嘉奖 6 次。2016 年 12 月从广西某部队（四级士官）退伍转业。服役期间，赵亮亮两次参加抗洪抢险，2004 年参加湖南耒阳山林大火扑救，2010 年 12 月回家探亲期间同样是在涡河岸边救起一名不满周岁的男婴。2017 年 2 月 10 日，赵亮亮面对突然落水的婴儿，三入涡河，勇救婴儿，及时采取急救措施，挽救了落水婴儿的生命。他见义勇为、乐于助人的品质，深受部队领导和周围群众的一致好评。

赵亮亮

2017年2月10日中午12点，西阳镇张沟村圩北自然村村民赵亮亮在涡河西阳渡口准备下渡船时，突然听见船尾几名妇女惊恐的叫声，其中一名女子大声地呼喊："快来救救俺儿、快来救救俺儿……"赵亮亮迅速跑向船尾，只见一辆电动车和一辆三轮车正沉入水里，其中一位老人和一个小男孩在群众的帮助下正被救上船，而另一名妇女由于离船舷较远，还在水中挣扎。

赵亮亮来不及多想，一个猛子就扎进了河里。"孩子，我的孩子！"当赵亮亮想把妇女拉上船时，这名妇女却挣扎不已，原来她的孩子沉到水里去了。"交给我吧！"赵亮亮在群众的帮助下先将妇女救上船，随即钻进水里寻找孩子。此时虽然已经立春，但是在皖北依然寒风刺骨，当日气温低至零下5度，河水冰冷刺骨；涡河100多米宽，深水处达5米多，小孩掉入河中十分危险。赵亮亮在水中左摸右找，始终没有发现孩子的身影，实在支撑不住，只好返身上船。气喘吁吁的赵亮亮望着偌大的江面："孩子，你究竟在哪?"

这时，旁边有人告诉他，落水的孩子是个只有2个多月大的婴儿，连同婴儿车一起掉入河里的。一听到是个婴儿，赵亮亮心急如焚，迅速甩掉湿透的羽绒服，再次跳入冰冷的河水中……一个猛子，两个猛子，三个猛子……

"找到了！找到了！"在水中又搜寻了半天的赵亮亮托起一台婴儿车，围观的群众一阵欢呼，可往婴儿车里一看，刚刚兴奋不已的赵亮亮一下子掉进了冰窟窿，孩子不见了！此时的赵亮亮嘴唇发紫、面色苍白、浑身哆嗦，只得再次爬上船。

时间一分一秒地过去，孩子生还的可能性一丝丝溜走，赵亮亮急得如热锅上的蚂蚁。就在这时，赵亮亮灵光一闪，回想起自己在部队桥梁班掌握的打捞技巧，找来船主的篙，轻轻在孩子落水的地方探试。不久便感到手中竹篙传来异样，赵亮亮断定：孩子就在这里！他第三次扎进冰冷的河水中……

"孩子找到了！"经过几分钟的水底搜寻，赵亮亮终于在冰冷的河底找到了溺水的婴儿，随后迅速将小孩救起抱到岸边。

然而由于落水时间太久，婴儿肚子鼓鼓的，口鼻都是淤泥，浑身发紫，婴儿已经昏迷，处于休克状态。赵亮亮顾不上自己身上脸上的泥巴和瑟瑟发抖的身体，赶紧利用原来在部队学到的急救知识给小孩实施紧急抢救，清理口腔和鼻孔里的淤泥，及时做人工呼吸。一分钟、两分钟，五分钟……孩子还是没有呼吸。"唉，可怜的娃儿"，"落水这么久，肯定没希望了。"围观的群众纷纷劝说赵亮亮放弃，可他不为所动，一直坚持给孩子做人工呼吸。也许是这份执着感动了上天，十多分钟后，一阵微弱的呼吸从孩子嘴边传出，意识也渐渐清醒。他怕婴儿还有什么问题，立即想到拨打120急救电话，此时他才发现自己手机因为刚在水下救人已经被水泡坏了。周围群众见状，拨打了120急救电话。由于他的抢救及时，落水婴儿得救了，把落水婴儿送上救护车后，赵亮亮拖着浑身都是泥巴并且湿透的衣服回了家。

由于当时情况紧急，孩子的家长都没有来得及向赵亮亮说声感谢。孩子的家人从村干部处得知是赵亮亮救了自己的孩子后，在医院拨通了赵亮亮的电话表达感谢之情。赵亮亮说："我是一名军人，虽然我现在退伍了，但在部队的培养和教育下，军人履行社会的责任，危难之处显身手的习惯早就深深地印在了我的心里。当我听到呼救声知道有人溺水的时候，我的身上就有一股力量告诉我必须把孩子救起来，所以我也没有多想就跳下去了，救人要紧，这也是每个年轻人应该做的。"孩子的奶奶说："我们家三代单传。要不是赵亮亮救了俺孙，俺这一家人都没法活了，他是俺的救命恩人。"2月13日，被救婴儿的父母送来"落水之时伸援手，救命之恩永难忘"锦旗，以感谢他的救命之恩。

赵亮亮勇救落水儿童的事迹，被周边群众广为流传，深受好评和赞扬。张沟村村民李新合说："赵亮亮是个好人，俺村里人都说他善良、老实、孝顺长辈。"邻居李永平说："这孩子从小就喜欢帮助人，这些年不在家还是跟小时候一样，退伍在家这段时间，每次我有啥干不动的活，都是他主动帮助我。"

赵亮亮危急时刻的奋不顾身，是他身为一名军人本身具有的社会责任感赋予他的能量，是老子故里涡阳人所具有的道德力量，更是舍己救人、无私奉献的军人本质。赵亮亮勇于担当，舍己救人的事迹，让周边群众看在眼里，也敬佩在心里。退伍不褪色！穿过绿军装，不管身在何处，永远都不会忘记人民子弟兵"全心全意为人民服务"的宗旨。只要祖国和人民需要，必将冲锋在前！

赵亮亮的纵身一跳与部队的多年培养教育密不可分，与"书香村（居）"道德模范、法律法规、国学经典"三堂课"的日常学习密不可分，他用实际行动诠释了"老子故里，道德之乡""善行涡阳"的大义与大爱。

2017年3月赵亮亮被同时评为"亳州好人"和"安徽好人"，7月被评为"中国好人"。

4. **送戏下乡勇救落水老人　文艺工作者弘扬正能量**——演艺公司演员卢庆庆和胡建门

2017年3月17日下午3点多钟，亳州市谯城区观堂镇双合村，一位老人骑着电动三轮车掉进了村边的河里，情况十分危急。正在这千钧一发的时刻，两位年轻人扑通跳进水中，最终在众人的帮助下，把老人从冰冷的河水里救出，使老人幸免于难。临危不惧，挺身而出，他们见义勇为的行为受到了在场群众的一致好评！他们就是正在附近进行送文化下乡演出的亳州市演艺公司演员卢庆庆、胡建门。

卢庆庆、胡建门在救人

3月17日下午，亳州市演艺公司的演职人员来到谯城区观堂镇双合村进行“送文化下乡”文艺演出。下午3点40分左右，演出正在进行当中，突然从演出现场附近传来了呼救声，有一位老人骑着电动三轮车，掉进了河里。听到呼救声，正在演出的演员们立即停止了演出，跑向事发地点。最先跑到河边的剧团演奏员卢庆庆、胡建门看到现场一辆蓝色的电动三轮车沉入河中，一名老人被困在车内，整个身子都浸在水中，难以动弹，随时都会有生命危险。情况十分紧急，两名年轻人二话不说，立即跳入寒冷的水中，进行施救。

由于老人掉进的河不仅水深，而且陡峭，给施救都带来了难度。

卢庆庆说：“他那个车门子可能在里面是锁上了，怎么拽都拽不开，胡建门用手砸玻璃也砸不烂。”

这时候，在水中的卢庆庆发现三轮车的车门还有一点空隙。于是赶紧砸烂玻璃，并在岸上工作人员的帮助下，打开了紧闭的车门。

由于当时在现场的都是一些年纪大的老人和妇女，都没法下去施救。附近围观的村民都说，多亏了这两位年轻人。

村民们说，唱戏的两个演员慌得连衣裳都没脱就跳入水中，手指都别肿了，把门给别开了，才把老人救了出来。对二位年轻人这种不顾个人安危救人的行为，村民们都说值得大家夸奖！都得向他俩学习！

获救老人李俊岭今年已经73岁，幸好被及时救上来，老人身体并无大碍。老人说，如果当时不是这两位年轻人的施救，后果肯定不堪设想。

两位年轻人表示，任何人遇到这样的事都会去做的。更何况作为常年在基层宣传社会正能量的演员，更是义不容辞！

村民们还说："他们既给我们送来了精神文化食粮，又以舍己救人这种实际行动为我们树立了榜样，更值得我们向他们学习。"

亳州市演艺公司总经理刘传师说："作为文艺工作者，我们主要就是宣传社会好风气，弘扬正能量。这次他们两个人的实际行动就是宣传正能量、弘扬好风气的真实体现。确实是我们全团学习的好榜样。"

见义勇为是中华民族的传统美德，深深扎根于中华民族悠悠灿烂的历史长河中。两个平凡的演出人员，一件拼尽全力的善举，一位被搭救的古稀老人。平凡的人做了不平凡的事，所以世界变成美好的人间。在紧急时刻，他们挺身而出，勇救落水老人；在危难关头，他们忘却自己，跳入冰冷河水。这一跳，跳出了人生最高的境界；这一跳，跳上了人生最大的舞台；这一跳，跳成了人生最美的弧线。他们既给群众送去了精神文化食粮，又以实际行动给群众树立了榜样。他们用朴实纯粹的行动展示了当代亳州人的最美风采，用实际行动诠释着当代的雷锋精神。真正的雷锋就在我们的身边！让我们为勇救落水老人的两位好小伙点个大大的赞！

2017年4月卢庆庆和胡建门被评为"亳州好人"和"安徽好人"。

5. 舍己救人　年轻人学习的楷模——勇救落水儿童的七旬老人赵维星

赵维星，男，汉族，生于1941年7月，亳州市蒙城县乐土镇屈庙村赵庄村民。

赵维星是亳州市蒙城县乐土镇屈庙村保洁员、碧水蓝天卫士。每天起早贪黑地打扫村庄卫生，清理房前屋后的垃圾。屈庙村赵庄自然庄房屋整洁，是乐土镇老村庄改造整治庄，水泥路笔直，树木绿化、村前池塘水清鹅鸭戏水，是一个环境优美的田园村庄。由于赵维星的辛勤劳作使赵庄自然庄更加美丽。他在深冬勇救落水儿童，虽然时隔三个多月，但在当地仍是美谈。

赵维星

2016年1月29日，农历2015年腊月二十，天气阴冷。赵维星穿着两件厚厚的棉袄和两层厚厚的棉裤，去清扫垃圾。赵维星打扫完卫生拉着保洁车回到家，老伴在蒸过年的大馍，本想帮老伴烧锅，老伴心疼他累了半天，让他到堂屋歇歇。刚从屋里出来，到门前菜园地看看，赵维星就发现西南角赵维和的4岁大孙子赵智稳在沟边站着哭，赵维星好心地说："你站沟边干什么，掉沟里咋办?"赵智稳指向沟里。赵维星慌忙向沟边跑，到沟边发现沟里水面上有一个浮动物品，"不好有小孩掉沟里了"。赵维星二话没说，顾不得脱棉袄和棉裤，急忙跳下去，双手托起落水儿童。但无奈沟太深，赵维星一边呼救，一边踩水向沟边游，听到呼救的留守妇女王翠平、王秀芳慌忙跑到沟边把小孩从赵维星手中抱上来，又把赵维星从沟里拉上岸。

原来，上午10时左右，赵月和的孙子赵智稳和赵维明的孙子赵博月两个4岁大的孩子到沟边玩耍，赵博月一脚踩在松动的土上，滚下有2米多深的水沟里。赵智稳吓得光哭，不知道喊人。

小孩被救上来了。赵维星不顾自己年事已高，不顾自己生命安危，义不容辞地跳下冰冷的水中救人，他舍己救人、见义勇为的精神是年轻人学习的楷模。

2016年5月，赵维星被评为"亳州好人"。

诚实守信篇

1. 幸福生活靠诚实劳动创造——以捡破烂为生却拾金不昧的宁亮

2017年7月31日，宁亮夫妇在市第三人民医院旁的一个垃圾桶中捡拾纸箱，纸箱内有价值近3万元的10条铂金项链，面对诱惑，他们没有动心，而是主动报警，最终将项链归还给失主。

宁亮一家人

“做这件事我们只求心安，虽然获得众多荣誉，但是我们觉得幸福生活还是得靠自己的双手来创造。”宁亮说。他常常告诫孩子们，再穷不能穷了骨气，将10条铂金项链归还给失主，一方面只求心安，另一方面希望通过自己的行动，让孩子们从小养成诚实守信的好习惯。

宁亮夫妻俩靠收废品为生，生活节俭，目前仍挤住在每月200元房租的低矮房屋内，一个月奔波劳累下来也不足3000元。面对诱惑，宁亮夫妇主动归还，拾金不昧之心，可谓高尚。“再穷不能穷骨气”，这是宁亮的信念；“将项链归还失主，自己的心更安稳”，这是宁亮的态度。宁亮夫妇的义举，让我们再次坚信人与人之间有真诚、善意和无私，相信人之高尚无关乎他的职业。宁亮夫妇的义举感动很多人，阿里巴巴“天天正能量”还给夫妇俩奖励一万元现金。得到奖励后，宁亮说，他确实很需要钱，不过更想通过自己的双手去赚取。

因此，他将5000元奖金捐给儋州一个家庭困难的女孩，剩余5000元捐给家乡，去帮助那些有需要的人。

“这一家子都是热心肠，常常帮助左邻右舍做些力所能及的事情，10多年了从未与别人闹过别扭。”谈起宁亮夫妇，老房东符梅英说。

如今，宁亮入列“亳州好人”榜、入选国家“诚实守信好人”榜……虽然现在获得不少赞誉，可他一如既往地平静。“这是我该做的事情，我没有觉得有什么特别。我一直认为做人要有骨气，再穷不能穷骨气，这是我做人的原则。”宁亮微笑着说。

2017年8月，宁亮荣获“亳州好人”和“安徽好人”。

2. 拾金不昧 传递正能量——公交车女司机张敏

张敏，女，1980 年 7 月出生，现为蒙城县公交公司 5 路驾驶员。她拾到现金 4 万元，及时归还失主，传递了正能量，体现了她诚实守信的好品德。

张敏

张敏自 2016 年 3 月从事公交驾驶员工作以来，严格遵守交通法规和公司各项制度，团结同事，服从管理，努力钻研驾驶技术，提高服务水平，工作任劳任怨，为乘客营造了安全舒适的乘车环境，把关爱献给乘客，温暖着众多乘客的心，多次被单位评为“服务之星”。在 2016 年的线路运营中，她的出勤率为满勤，没有发生过一次安全责任事故，安全行驶里程 3 万多公里，高质量地完成了各项生产任务。

作为公交驾驶员，张敏始终把安全工作放在第一位，“安全行车是公交车的生命线”，这是每个公交人都应该用心铭记的一句座右铭，张敏深深体会和践行这句话的含义。在营运线路中，她坚持文明驾驶，胆大心细，操作准，开车稳，并注重研究雨天、雾天等天气的特点，从不开英雄车、斗气车，保持匀速行驶，注重行车安全，无论刮风下雨，都坚持做到：出车前必须提前到达工作岗位，做好出车前的各项例检工作，绝不开带病车上线路营运。因此，在蒙城公交公司开车以来，她从未发生过任何大小事故。

在公交运行中，她始终坚持文明服务、规范操作，尽力为乘客创造安全、舒适、卫生、便捷的乘车环境，急顾客之所急，想顾客之所想，把顾客放在第一位。尤其对老、弱、病、残、孕及抱小孩的乘客，她的服务更是周到体贴，以自己细微的付出换来乘客满意的笑容。

张敏的车上有扫帚、拖把、毛巾等日常清洁工具，每天到达首末站后，她总是用拖把蘸肥皂水刷洗车厢地板，清除粘在地板上的口香糖等污渍，用毛巾反复擦拭车窗玻璃。所以她的车总是车窗一尘不染，车厢干净整洁。每个短暂的班次休息时间，张敏都会首先给车厢做个保洁。她把车当成自己的家爱护而珍惜。因为她的车厢内部干净整洁，乘客总能感觉到一种宾至如归的感觉。

2017 年 1 月 19 日上午 9 点 50 分，张敏驾驶着 5 路公交车回到停车场打扫车厢时，在后排座位上发现一个包，打开一看，里面有许多钱。她猜想一定是乘客丢失的，就把包交给了当班调度员王红丽，当着几位驾驶员的面打开检查，里面有 4 万元现金。后来失主代敬伟来寻找丢失的包，经核对无误后还给了失主。

据代敬伟介绍，这 4 万元是她们家一年也攒不了的，如果丢失了可真过不上来。感激之情，溢于言表。当时就写了感谢信，并要请张敏吃饭，被她拒绝。后来失主在 1 月 20 日早上 9 点送来了锦旗和鞭炮再次表示感谢。对于此事，张敏只是说，拾到钱物上交公司是公交司机应该做的，换了谁也会这样做。

张敏虽然只是一名普通的公交驾驶员，却在努力地为每一位乘客服务，她用那朴素的感情、对工作所倾注的爱以及无私奉献的精神感化和影响着周围的人。她没有惊天动地的壮举，只是一些平凡的事迹，她愿把每一天都作为新的起点，争取越做越好。前面的路还很长，张敏正以踏实的工作作风，良好的工作状态，继续书写着蒙城公交人新的篇章。

2017 年 2 月，张敏被评为“亳州好人”。

3. 雷锋精神显风采　道德高尚铸警魂——拾金不昧的好交警张云雷

张云雷，男，汉族，39 岁，中共党员，本科学历，二级警督，现任亳州市公安局交通警察支队直属一大队汤陵中队副中队长。他凭借着对公安交通管理工作的满腔热情，凭着对公安工作的高度责任感，忠实地履行着人民警察的誓言，任劳任怨、兢兢业业，努力工作，多次被市局、支队表彰，2011 年受市局嘉奖一次，2015 年被市局授予“岗位标兵”，2016 年受市局嘉奖一次。

2017 年 5 月 16 日上午 9 点 20 分，张云雷带领人员在辖区北外环与魏武大道交叉口进行例行巡逻时，发现路面有一个女士背包。当张云雷准备下车去捡时，过来了一辆公交车，等公交车过后，张云雷发现地上的女士背包已经被一个驾驶两轮电动车的男子捡走，张云雷急忙赶上前去，追问该女士背包是否是他所有，男子说不是他的包，他是刚刚捡到的。

该男子见中队民警上前询问，便将该女士背包交给了张云雷。张云雷打

张云雷

开该背包后，发现背包内有现金42000余元，银行卡数张，黄金项链一条和身份证、驾驶证等物品。张云雷看到这么多的现金，想到失主眼下肯定很着急。于是，张云雷在路边等了大约20分钟，却仍未见失主。张云雷急忙就赶回到中队，一边通过公安交通管理信息平台查询失主的联系方式，一边通过辖区派出所查找失主的电话号码，经多方查找，张云雷与失主张女士取得了联系。

当日中午11时许，失主张女士带着一面写有“人民好交警　真心为百姓”的锦旗来到交警一大队汤陵中队认领失物，看到失而复得的血汗钱，张女士对汤陵中队交警再三表示感谢，“真的是十分感谢，你就是拾金不昧的当代‘活雷锋’！”张女士激动地说道。张女士并一再对张云雷这种全心全意为人民服务、热心的工作态度表示赞许。经中队民警了解，张女士自己经营一家美甲店，钱包里的钱是近一段时间的营业额，当时从家出门准备去银行存款，却因疏忽把钱包遗失马路。

张云雷同志热心助人、拾金不昧的事迹被央视新闻频道、安徽电视台、安徽第一时间、亳州电视台、药都时空相继报道。张云雷同志用自己最朴实、最直接的行动展示了亳州交警的良好形象，树立了良好榜样，弘扬了药都正能量。

张云雷同志在工作中积极学习雷锋，发扬雷锋精神，自觉地在平凡的岗位上、平凡的小事中，努力践行这一根本宗旨，真心实意地、尽心竭力地、坚持不懈地为人民办实事、做好事。这样的好事不胜枚举。

“交警同志，这里有人跳楼了！快来救救他！”2017年2月11日下午，汤陵中队接到指挥中心指令：石交卜有一个男子从三楼跌下，由于蔬菜批发市场通行缓慢望辖区中队及时给予帮助。考虑到正值路面交通高峰期，张云雷当即决定驾驶警车对其进行开道护送，一场生命救援的接力就此展开。

路途中，张云雷同志不断通过对讲机通知沿途各岗点提前做好疏通，按照预案立即沿途警力护送，严阵以待，绿色生命通道立即打开。由于前期疏导及时、警车带道迅速，车辆通行一路顺畅，仅用时十余分钟便将伤者护送至市人民医院南院，伤者得到及时救治。

寒风虽凛冽，但总有温暖涌心头……由于救助及时，伤者的身体情况已经稳定。通过张云雷同志和民警们的努力，为伤者节省了宝贵的抢救时间，真正应了那句“要需要我，我都会在！”

2017年3月9日上午，110指挥中心指令有群众报警：一辆出租车运送一名头部摔伤的男孩从谯东镇去市人民医院南院，因路面拥堵，通行不畅，希望交警护送。

接警后，张云雷同志带队赶到农贸城附近遇到该出租车，经询问，谯东镇一名脑瘫男孩摔伤头部，流血不止，需要及时送到医院救治，因该男孩的父亲是精神病患者，陪送的是其爷爷，男孩眼部流血，情况紧急。

危急时刻张云雷将男孩抱到警车上，一路警笛长鸣，提前用对讲机与其他中队联系，确保道路畅通，到医院后，张云雷帮助患者家属办理住院手续后，才悄悄离去。

幸亏交警紧急出动，护航开道、争分夺秒才使孩子能够及时送院救治。张云雷同志这种临危受命的工作精神树立了药都交警真心为民的好形象，赢得了在场群众的一致赞誉，大家无不竖起大拇指给他鼓掌点赞！

雷锋精神显风采，道德高尚铸警魂，平凡岗位写华章。张云雷同志作为一名人民警察，一心为民，默默付出了一切从不求回报。一个“随手”的拾金行为，一次次“简单”救助服务，虽不起眼，却实实在在地代表着几个家庭的幸福。《老子》一书中写道：“合抱之木，生于毫末；九层之台，起于垒土”，小事看态度，大事看能力。张云雷同志做好了关系群众切身利益的“小事”，关键时刻他挺身而出，冲锋在前，用自己的实际行动彰显着药都交警新形象，更彰显着我们这座城市的文明程度。他用自己的点滴行为为亳州“创城”添彩助力，用自己的“凡人善举”一路传播文明，传递新风。

2016年5月，张云雷被评为“亳州好人”。

4. 拾金不昧　遇急情连闯红灯勇救婴儿——好的哥孙朋生

孙朋生，男，1966 年 2 月出生，涡阳县陈大镇人，一位普通的出租车司机。

妻子十几年前去世，孙朋生孤身一人照顾两个孩子，含辛茹苦十几年将两个孩子培养成人。现在女儿已经成家，儿子也已大学毕业，在辽宁省鞍山钢铁公司工作。如今，孩子虽然已经培养成人，但孙朋生的生活可谓是“颠沛流离”，因为儿子还没有成家，使得孙朋生生活压力非常大，为了攒钱给儿子娶媳妇儿，孙朋生在涡阳出租车有限责任公司承包了一辆出租车，昼夜跑出租挣钱，自己连房子都不舍得租，寄宿在姐姐家。

2016 年 6 月 28 日下午五点半，孙师傅像往常一样营运在涡阳县城，当他行驶至急救中心时，一位身穿白大褂的医生拦下他的车，并要求去老县医院，随后上来一位男士抱着一名刚出生的婴儿，乘客非常着急，称这名刚出生的婴儿奄奄一息，需要送往老县医院急救，孙师傅二话没说，开起车子直奔老县医院，途中有几个红绿灯路口，由于抱着婴儿的乘客非常着急，就对孙师傅说：“师傅请您帮帮忙，孩子的命要紧，闯红灯吧！”孙师傅当机立断，立即打着双闪连闯三个红灯将婴儿及时送到医院。孙师傅走后一直放心不下，就打电话给这位乘客询问孩子的情况，当孙师傅得知孩子得救以后，心里如释重负。乘客为表示谢意，及时帮助孙师傅消除闯红灯的违章，又找到孙师傅所在的出租车公司，给孙师傅送了一面锦旗，以表谢意。

2016 年 11 月 11 日，孙师傅像往常一样，正在涡阳县城跑出租。当他行驶至涡阳县人民政府时，被一位男子招手拦下，随即将该乘客送往双庙镇，送完乘客孙师傅就掉头返回县城。不料该乘客将手机、钱包、银行卡及身份证等重要物品落在了孙师傅的出租车后排座上，由于失主王先生的电话调的是静音，所以孙师傅一直没有听见失主王先生打来的电话，直到另外一位乘客发现钱包告诉了孙师傅。孙师傅立即把钱包给失主王先生送了过去。

“当我发现钱包及文件丢了的时候真是急坏了，里面有很多工作上重要的资料，如果丢了后果不堪设想。幸好碰上了孙师傅，不然我都不知道该怎么办了。孙师傅这次真得帮了我的大忙了，太感谢他了！”王先生事后仍然心有余悸。

物归原主后，乘客拿出 2000 元现金表示感谢，孙师傅婉言谢绝，孙师傅说：“做了好事，心里得劲、舒服”。后来失主王先生为表示感谢，找到孙师傅所在的出租车公司，带着鞭炮给孙师傅送去一副印有“拾金不昧，高风亮节”字样的锦旗。

涡阳县出租车管理公司王主任告诉记者，孙朋生平时在出租车公司就是一个老实人，为人诚恳，话不多但乐于助人。把乘客遗忘在出租车里的财物及时还给乘客，“这是出租车司机的责任和义务，也是我们的责任和义务，像孙师傅这样好心的司机咱们涡阳还有很多。”王主任还告诉记者，市民乘坐出租车应该养成索要发票的习惯，物品遗落在出租车上，只要拿着发票，运管所的工作人员就可以根据发票上的信息帮助失主找到物品遗失的出租车，这样找到失物的机会也就大一些。

孙朋生这种拾金不昧的精神在寒冷的冬日传递出浓浓的正能量，温暖了每一个乘客，受到大家的交口称赞。

2017 年 2 月，孙朋生被评为“亳州好人”。

5. 捡七万现金　雨中苦等失主两个小时——拾金不昧的六旬环卫工人李兰英

李兰英，女，1952 年 4 月出生，家住涡阳县城西镇八里桥行政村八里桥自然村，是一位朴实勤恳的环卫工人。

2017 年 10 月 11 日上午，环卫工人李兰英在文城路冒雨进行保洁作业时，发现路边上有个装有 7 万元人民币的蓝色塑料袋。李兰英小心翼翼地将巨款保管好，一边打扫着卫生，一边等着失主。在雨中苦等失主数小时后，终于把巨额现金物归原主。

李兰英和失主

2017 年 10 月 11 日上午，像往常一样，环卫工人李兰英一上班就忙碌在自己的工作岗位上。当她在文城路进行保洁作业时，发现路边有个蓝色塑料袋，鼓鼓囊囊的，以为是谁丢的垃圾就前去清理。打开袋子一看，里面全是人民币！“这么多钱丢了，失主一定很着急。”于是，李兰英小心翼翼地将巨额现金保管好，一边打扫着卫生，一边等着失主。虽然天空正飘着小雨，但担心失主来找的时候自己看不到，李兰英就不敢去避雨。打扫一会，她就左右看看是否有人来找，这一等就是两个多小时。

失主名叫沈洪芳，家住涡阳县店集镇。当天她带着从亲戚家借的七万块钱现金到文成路买门，因为对路不是太熟悉，所以没找到卖门的地方。看见环卫工人在路边进行保洁，于是就把车停下来，打开车门下车询问卖门的地方在哪，结果不慎把放在车门边装有现金的袋子掉在地上，问了路以后直接开车走了。直到后来到门厂要付钱的时候才发现钱丢了。沈洪芳这下可急坏了，赶紧和家人开车顺着来时的路仔细寻找，苦找半天不见现金踪迹。

沈洪芳越找越着急。后来沈洪芳慌慌张张地来到文成路，看到雨中有一位四处张望的环卫工人，沈洪芳上前询问后，这才把心里的大石头放下。经过几次问答，李兰英确定是失主本人后，将钱款当面清点归还。

沈洪芳得知李兰英已经在雨中等待自己两小时，激动得几乎落泪，当场对李兰英表示万分的感谢。事后，沈洪芳制作了一幅“拾金不昧”的锦旗，送到李兰英手中。

李兰英今年已经 65 岁了，是涡阳县环卫处的一线环卫工人，家住涡阳县城西镇八里桥行政村。她老伴患有糖尿病，常年吃药，不能负重，没有经济收入。为了给老伴治病，他们花光了一辈子攒下的 10 多万元的积蓄，现在家里还欠着 3 万多元的债。

李兰英的月薪是 1300 元，给老伴看病后所剩无几，现在经济来源全靠她一个人。虽然家里欠着外债，虽然每月收入微薄，虽然老伴看病急需用钱，但李兰英面对拾获的巨额现金丝毫不动心，她的义举感动着身边的每一个人。

在工作中，李兰英认真负责、勤勤恳恳。在从事 3 年的环卫工作里，她经常拾到粗心人丢在马路上的东西。有失主前来认领的就归还，没人认领的就上交单位，多次在班组会议上受到班组长表扬。被问及那天捡到巨款时的想法，李兰英说：“我也没有想别的，只想到失主前来认领，物归原主，失主高兴，我也高兴，不是自己的钱，再多也不能拿。”

就是这样一位六旬老人，面对拾获的大额现金她丝毫没有动心，全额归还给失主，充分体现拾金不昧的精神。在弘扬社会主义核心价值观的今天，作为一线环卫工人的她虽然从事着最脏、最累的工作，其家境也并不宽裕，但面对金钱的诱惑不为所动，用自己的实际行动感召着这座城市，传递着社会正能量，树立了环卫工人群体朴实诚信的形象，同时也赢得了社会各界的高度赞誉。她不仅美化了我们的城市，而且用自己的“凡人善举”一路传播文明，传递新风。

2016 年 10 月，李兰英被评为“亳州好人”。

第二节　务实——城市之根基

天行健，君子以自强不息。实干兴邦，空谈误国。务实，突显的是实干图强的作风，脚踏实地的品质，不断开拓的精神。务实，既是对地方文化的继承和弘扬，更是促进加快发展，建设“美丽亳州，活力亳州，幸福亳州”的必然要求。

近年来，亳州社会经济快速发展，突飞猛进，各项工作稳扎稳打，取得了可喜的成绩。这正是亳州人真抓实干、少说多做、勤奋务实的表现。

实干是中医药文化的重要特征之一，体现了亳州人民艰苦创业的精神。中华药都亳州种植中药材的历史可追溯至公元前 200 年，距今已有两千多年的历史了，亳州的市花芍花最早被当作爱情的信物记录于《诗经》：“维士与女，伊其相谑，赠之以芍药”。神农尝百草，治病救人，是我国最早的药物学家。作为神农氏之后裔的亳州人于两千多年前就以种植芍药等中药材为生。经过世世代代的不断发展，目前，作为中华“四大药都”之首的亳州拥有全国规模最大、设施最好、档次最高的中医药交易中心，是全国最大的中药材集散地，而且正在举全市之力努力打造“世界中医药之都”。

在历代亳州人民的辛勤耕耘下，亳州中药业的发展历史可谓一步一个脚印，一步一个高峰，一步一个辉煌。

东汉末年，亳州就已经是一个闻名遐迩的中药材种植基地，中药业的发展迎来了第一个高峰。神医华佗勤劳务实，刻苦钻研，以治病救人为己任，专攻岐黄（中药）之术，辟药圃，种草药，凿药池，设医馆，并且依据农业生产理论把野生药草引入农田进行人工栽培，影响和带动了亳州人民广泛种植、炮制、经营中药材，由此繁荣了中医药业，开创了以华佗为代表的建安中医药文化的繁荣昌盛。

魏晋时期，由于亳州大量种植芍药，尤其是质地优良的白芍，芍药花举世闻名，而这时候素有“花中之王”雅号的牡丹还名不见经传，后来靠芍药才得此美名呢，亳州中药材创造了又一个高峰。明朝鸿胪寺少卿薛凤翔在《亳州牡丹史》中这样写道：“芍药著于三代之际，风雅所流咏也。今人贵牡丹而贱芍药，不知牡丹初无名，以花相类，故依芍药为名。”

明清时期亳州中药业的发展达到了另一个高峰。作为全国的中药材集散地，亳州与禹州（今河南禹县）、清江（今江西樟树市）和祁州（今河北安国市）并称为“中国四大药都”。全国各地在亳州建立的中药材交易场所遍及全城，最为著名的就是山西商人王璧、陕西商人朱孔领发起筹建的山陕会馆，又名花戏楼。它精湛的雕刻艺术、绚丽的彩绘令人惊叹，驰名中外。当时民间即流传“药不到亳州不齐，药不过亳州不灵”的说法。清末，亳州已经发展成为药商云集、药栈林立，药号巨头密布，经销中药材 2000 多种的中华药都，药市非常繁荣，“天下药商聚亳州，亳州药商闯天下”。中国《药典》上以“亳”字冠名的就有“亳芍”“亳菊”“亳桑皮”和“亳花粉”四大药材，尤其是亳白芍，根挖掘出来以后刮去外皮加工制作而成，是生长在亳州境内的毛茛科植物根的干制品，色白如玉，块根入药，有平肝潜阳、养血敛阴、防癌抗癌之功效，属于药用白芍中的上品，与浙江的“杭芍”、四川的“川芍”并列为全国三大品种。清代文学家刘开在他的《偕陈晚香、任砚香至东南观芍药》一诗中高度赞美了亳芍药的繁荣景象：“小黄城外芍药花，十里五里生朝霞。花前花后皆人家，家家种花如桑麻。若将此花作倾城，更比牡丹多丰情；若得此花作良药，儿女春容免萧索。”此诗将亳芍药的观赏性和药用性表露无遗。

改革开放以后，亳州中药业迎来了更为辉煌的发展高峰。20 世纪 80 年代，亳州已经形成三条中药材销售专业街，“川广云贵浙，西北怀山土”的地道药材，贵到犀角山参，贱到菟丝枯草，无所不有，无所不卖，只有你想不到，没有买不到的中草药，“进了亳州城，一览天下药”毫不夸张。1985 年亳州举办了第一届中药材交易会（简称药交会），至今已连续成功举办 33 年；2004 年经国务院同意，商务部批准，亳州在中药材交易会的基础上举办了更高规格的国际（亳州）中医药博览会（简称药博会），至今已连续成功举办

14 届，在国内外产生了较大的影响。国际（亳州）中医药博览会是世界上具有一定活力和影响力的中医药交易活动之一，也是世界各国各地了解我国中医药文化的重要渠道。1995 年落成的中国（亳州）中医药交易中心获时任中共中央总书记江泽民题词“华佗故里，药材之乡”，提升了亳州中医药品牌在全国的知名度。2013 年，全球最大的中药城康美（亳州）中药城正式开业，以亳州市花“芍花”为设计理念的康美（亳州）中药城总投资 15 亿元，占地 1000 亩，建筑面积 120 万平方米，是目前全球最大的一站式中药材交易市场。亳州中药材交易市场从最初的亳州市药材街搬迁到亳州市人民路的药行，再搬迁到中国（亳州）中药材交易中心，又到今天搬迁至中国亳州康美中药城，它的每次搬家，无论对于亳州来说，还是对亳州药商来说，都是一次成长、一次进步、一次升华，都使亳州中药材交易市场的交易更加集中、规范。目前中医药产业是亳州经济支柱产业之一，药都之首亳州也已荣升为全球最大的中药材集散中心和价格形成中心。

可以说，国际（亳州）中医药博览会是改革开放以来亳州历史的缩影，是亳州这座城市脚踏实地、披荆斩棘、务实向上、加快发展的最大见证者。下面让我们一起来回顾一下药博会的前世今生。

一、悄然诞生

让我们先把时钟回拨到 20 世纪 80 年代。改革开放刚刚吹响神州大地拨乱反正的号角，一切方兴未艾。而亳州的中药材交易也在悄然复苏、渐渐起势，市区内形成了多个自发的中药材市场。1984 年，亳州市工商部门对药材交易资源进行整合，在当时的市区东关附近成立了一个占地 36 亩的药材贸易市场。亳州药材交易市场开始结束无序自发的状态，进入规范管理阶段。亳州人开始亲切地称这个新市场为“大药行”。“大药行”和“上行”开始成为亳州人最耳熟能详的词语。

20 世纪 80 年代初，在“四大药都”之中，河北安国、河南辉县和江西樟树都举办了规模很大的药交会，无论参会人数还是成交额都让人称道；作为四大药都之首的亳州，反而落在了后头，交易市场规模较小，在全国的知名度也不够高。在这样的背景下，当时的亳县政府决定举办药交会以促进中药材交易，打造中华药都形象，提高药都知名度。然而，在 1985 年皖北的一个小县城，想要举办大规模的药交会，难度可想而知。当时的亳县政府对药交会的召开非常重视，县委、县政府领导全部“扑下身子来抓药交会”，并亲自去北京、上海等地，邀请大药材公司参会；药商们情绪高涨，也积极支持举办药交会。经过努力，精心组织的第一届药交会于1985年9月9日在原亳州剧院举办。

一炮打响！首届药交会取得了巨大的成功。来自全国27个省、市、自治区约1200名药商参会，成交额达1.2亿元。亳州“家家种花如桑麻”的药材种植规模，1800多年的药材种植经营历史，令参会客商纷纷感叹不已，对亳州中药材的兴趣越来越浓厚。

于是，从1985年开始，亳州在每年的9月9日都会举办药交会。亳州作为中华药都的名气越来越大，客商也越来越多。“当时亳州接待能力有限，没有宾馆，很多客商只好住澡堂子。”回忆起当时的盛况，安徽省中药材总商会会长卢景川不无感慨地说。

药交会的成功，也带动了全市药业经济的发展。1986年底，亳州已建成大型中药材专业市场两个，中药材经销专业街4条，行、栈400多家，日上市量10万斤。

二、茁壮成长

然而，举办了几届药交会之后，人们发现再朝前发展似乎很难，好像有停滞不前之势。

1990年之前，药交会的成交额始终徘徊在1.5亿元左右，超过2亿元的年份只有1988年，达到2.2亿元。“这一方面是由于展厅小、展位有限，另一方面是由于会展内容比较单一，文化氛围淡薄，缺乏吸引力。”市经济发展研究中心副主任葛伟说。

1991年，药交会开始“加餐”，在举办药交会的同时举办首届华佗学术研讨会，共3000多人参会，成交额3.5亿元。

1992年药交会则增加了文化活动，进一步丰富了学术交流，举办了首届中医药文化节、首届中华药文化研讨会和全国第二届华佗学术研讨会。本届药交会共5000多人参会，成交额3.34亿元。药交会期间，经贸活动取得了丰硕的成果，共达成各种项目79项，其中与外商签约贸易项目18项，与国内客商及厂家签订的合资厂、经济技术合作等项目25项；专利转让和新产品开发项目33个，各类项目总投资约2.29亿元，其中引资2648万元，商贸成交额7.22亿元。“药交会期间，三条风味小吃街营业额就达42万多元。”葛伟说，药交会对亳州经济社会发展的重要性日益凸显。

药交会的各项记录也在一次次被打破。1994年药交会期间，参会人数突破万人，达11634人，成交额6.52亿元。

1997年，亳州市委、市政府决定与药交会合并举办“亳州招商节”，本届药交会吸引了26000人参会，成交额首次突破10亿元大关，达到10.03亿元。

“经过多年的丰富，药交会已经成了集经贸、学术、文化于一体的大型活动，走向成熟。”葛伟说。药交会也成为亳州全体市民的节日。“一到药交会，到处张灯结彩，比过年还热闹，文艺表演、灯展等活动吸引了很多人参与。”市民朱洪亮开心地说。

2000年药交会的交易规模和实际成交额更是创下了药交会之最。本届药交会共吸引了4个国家，26个省、市、自治区和1个特别行政区的36239名嘉宾参会，交易主会场内几十个展厅和6000多个摊位供不应求，成交额达11.5186亿元。共签约招商项目53项，其中合同38项，总投资额8.2亿元。

三、华丽变身

历史的车轮驶入了21世纪。进入新世纪的药交会却再次陷入了成长的困惑。1998年成交额11.1亿元、1999年11.3亿元、2000年11.52亿元、2001年11.5亿元，无论交易量还是成交额都没有大幅提升。“虽然药交会规模日渐扩大，运作机制日益规范，活动内容也更加丰富，但就其实质而言，从1985年第一届开始举办以来，一直就是单一的中药材交易。”葛伟说。然而进入21世纪以后，中医药业已经走向了国际化、产业化、现代化发展之路，亳州的药业经济发展模式也出现了转折点。

新形势下，药交会还办不办，怎么办?

几番思索后，亳州市开始顺应时代潮流，主动求新求变，从2004年开始，在药交会的基础上，举办规模更大、规格更高的中医药博览会，开启了从药交会到药博会的华丽转身。

四、历届国际（亳州）中医药博览会回眸

2004年第一届国际（亳州）中医药博览会暨第二十届全国（亳州）中药材交易会

主题：中华药都，诚信发展　　　　时间：9月7日—10日

与往届相比，这次药交会和药博会两会合一，更加突出中药产业化方向和国际化程度，突出市场运作模式。首届药博会历时40天，来自全国30个省、市、自治区以及美国、加拿大等12个国家和地区的300多名外商参加，参观人数达数10万人次。共安排经贸活动、学术交流和文娱活动三大板块、15个场次、12项活动。其中，经贸活动包括中药材交易、会展和招商活动；学术交流活动主要包括中药现代化国际论坛；文娱活动包括文艺演出、焰火晚会和书画展览等。大会期间共签署合作项目11个，合同或协议投资金额5.5亿元，交易总额约22亿元。

2005 年第二届国际（亳州）中医药博览会暨第二十一届全国（亳州）中药材交易会

主题：合作·和谐·发展　　　　时间：9 月 6 日—10 日

本届药博会历时 5 天，内容之多、档次之高、范围之广、参与人数之众，为历届药交会之最。

大会共安排有经贸活动、学术交流和文娱活动 3 大板块、20 项活动。其中，经贸活动云集了五湖四海的中医药精品和商家；学术交流活动包括全国百家知名中医院院长暨全国中医院院长高级培训班、全国百家知名药店经理论坛、全国百家知名制药企业厂长经理论坛、中医药现代化国际论坛、淮海经济区第十八届市长会议暨首届区域经济发展论坛等；文娱活动依托亳州旅游文化节展示药都情怀、凸显古都风韵，文艺演出明星献艺，流光溢彩；焰火晚会五彩斑斓，绚丽多姿；民俗表演形式多样，精彩纷呈。

大会期间共签约合作项目 15 个，合同或协议总投资 4.35 亿元，引进资金 4.16 亿元。本届药交会暨药博会共接待中外来宾 1.2 万人次，来自美国、英国、丹麦、韩国、日本、保加利亚等 15 个国家的 100 多名外宾和我国香港特别行政区的代表以及 20 多个省市、省内 10 多个地市 300 多名经贸客商汇聚亳州。人民日报、新华社、中央电视台、中国医药报、香港文汇报等 28 家新闻媒体对大会盛况作了深度报道，药博会的盛况和亳州的经济社会发展成就得到充分展示，亳州再一次成为万众瞩目的焦点。

2006年第三届国际（亳州）中医药博览会暨第二十二届全国（亳州）中药材交易会

主题：合作·和谐·发展　　　　时间：2006年9月7日—10日

本届大会共有来自国内外中医药界代表、商贸代表团等近万名客商相聚华佗故里。韩国、马来西亚、新加坡、古巴、罗马尼亚、泰国、越南、玻利维亚等12个国家和地区的外宾组团前来，人数将近百人，其中，马来西亚中华工商总会代表达40人，这是历年所没有的。此外，今年来亳的12个外宾团队有5个是驻华大使带队，此次外宾团队规模大、档次高，不仅带来不少的签约项目，还对亳州旅游项目进行实地考察。北京同仁堂集团、珠海联邦制药等多家国内知名企业到会参展，省内合肥、芜湖、淮南等地的20多家企业组团参会。

会展呈现出参展产品多、知名企业多等特征。以会搭台，经贸唱戏。药博会还充分利用客商云集之机，举办了亳州投资环境说明会暨项目签约仪式，成功签约20个项目，签约资金达16.8亿元。据了解，马来西亚三林集团公司、中国大唐集团公司等一批国内外知名企业将落户亳州。国际中医药产品展、全国知名中医院院长论坛、国际知名中药企业高层论坛、华祖庵修复竣工典礼暨公祭华佗仪式等活动在药博会上相继开展。在纪念华佗诞辰1879周年祭祀典礼上，华佗传统五禽戏第五十七代传人，86岁的董文焕老人亲自传授五禽戏。

2007 年第四届国际（亳州）中医药博览会暨第二十三届全国（亳州）中药材交易会

主题：健康·合作·发展　　　　　　时间：2007 年 9 月 7 日—12 日

本届药博会组织严谨，运作有序，亮点纷呈，好戏连台。在“民办官助、市场化运作”的原则下，举办方精心安排了经贸活动、学术交流和文娱活动三大板块、十四项活动，大会的国际化、市场化和专业化水平大幅度提高，开放性、创新性和实效性显著增强。

经贸活动：共设立标展 206 个、特展 22 个，展会客流量达 9 万人次，韩国大元实业、英国欧亚贸易公司、泰国张裕行等 8 家境外涉药企业和北京同仁堂、哈药集团等 200 多家涉药企业参展，呈现出特展多、知名企业多、境外企业参展“零突破”三大亮点。首届中国（亳州）白酒节吸引了茅台、古井贡酒等 100 多家知名白酒企业以及美食、酒具等相关企业 208 家参展，观众达 20 万人次。中国（亳州）投资环境说明会暨项目签约仪式吸引了正大集团、海航集团等一批国内外知名企业参加，大会期间共签约合作项目 27 个，总投资 17.9 亿元。中国（亳州）药材药品交易洽谈会现场签约金额达 4.56 亿元人民币，签约总金额约 21 亿元人民币。中国医药保健品进出口商会授予我市“中国中药饮片出口基地”称号。

学术交流活动：举办全国优秀中医院院长和首届杰出女中医师暨华佗研究集成首发式，首届中国中药饮片产业创新与发展论坛、中国（亳州）中医药发展论坛、全国知名中医药企业高层论坛，中国工程院石学敏院士、美国哈佛大学郑栩建教授等围绕中医院建设管理、中医院发展战略、如何经营医院等议题进行深入探讨；天津中医药大学校长、中国工程院院士张伯礼等11位国内知名专家学者围绕中医药现代化发展进行了精彩的演讲。

文娱活动："中华药都——华佗颂"开幕式暨主题晚会由中央电视台著名主持人朱军和周颖联袂主持，晚会结合亳州实际创作了华佗颂、华佗五禽戏等具有中医药文化特色的节目，好戏连台，精彩纷呈，并通过中央电视台向全国播出，大大提升了药都形象和知名度。药博会期间，还举办了由鬼会、花车巡游、民风民俗民乐表演、花戏楼戏曲票友大会和保健药膳大赛等系列活动组成的2007年中国（亳州）旅游文化节、华佗诞辰1880周年祭祀大典、"全面健身与奥运同行"华佗五禽戏展演暨全国百城健身气功展示活动亳州大会、中华药都形象大使选拔赛颁奖典礼暨大型焰火晚会，不仅使广大来宾流连忘返，也让全市人民共同分享了节日的喜悦。

2008年第五届国际（亳州）中医药博览会暨第二十四届全国（亳州）中药材交易会

主题：中华药都——中医中药中国行走进亳州

时间：9月7日—12日

本届药博会以中医药文化为主线，充分展示了亳州市作为中华药都的悠久历史和丰厚的文化底蕴，向国内外客商彰显了中华药都亳州的独特魅力。

大会期间举办的12项活动涵盖经贸、学术交流和文娱三大板块，内容丰富，精彩纷呈。其中包括中国（亳州）中医药展、国际（亳州）药材药品交易洽谈会暨第二届中国中药饮片产业创新与发展论坛、中国（亳州）投资环境说明会暨项目签约仪式、全国知名中医药企业高层论坛、中华中医药学会民间传统诊疗技术与验方整理研究分会成立大会暨民间验方和诊疗技术研讨会、开幕式暨主题晚会、中国（亳州）中医药书画艺术节、中国（亳州）旅游文化节暨安徽省药膳大赛颁奖典礼、华佗诞辰1881周年祭祀大典、第二届中国（亳州）白酒节、中医中药中国行走进亳州科普宣传活动、闭幕式焰火晚会等。

2009年第六届国际（亳州）中医药博览会暨第二十五届全国（亳州）中药材交易会

主题：养生·健康·合作·发展　　　　时间：9月6日—11日

本届大会以养生·健康·合作·发展为主题，共安排了经贸、学术、文化3大板块14项活动吸引天下药商。同时举办了首届中国（亳州）健身气功养生博览会暨华佗五禽戏养生健身节，来自全国15个省市和省内15个地市的运动员400多人参加了比赛，很好地宣传了华佗五禽戏健身操。作为本届药博会活动之一的中国（亳州）养生旅游文化节推出了药膳、药浴、养生房、保健茶、保健酒等养生旅游产品，让客人吃药膳、喝药酒、品保健茶、住养生房、洗药浴、购养生品，时时感受养生，处处谈论养生，走后不忘亳州养生。

为更好地迎接这次药博会的举行，亳州特地建成面积超过10000平方米的会展中心，可容纳300个标展展会和16个特展区。同时为庆祝亳州会展中心的落成，也为了答谢国内外药界同仁对药都亳州和药博会的大力支持，本届药博会在会展中心为参展的国内外制药企业、保健品制造商免费提供了200个位置较好的展位。

2010年第七届国际（亳州）中医药博览会暨第二十六届全国（亳州）中药材交易会

主题：中华药都·养生亳州　　　　时间：9月8日—10日

本届药博会以“立足亳州，打造现代中华药都，加快中医药产业发展；面向世界，弘扬中医中药文化，促进中医药造福人类”为宗旨，以“人文药博、养生药博、科技药博”为理念，不仅打造成以“药”为媒的招商引资平台和以“养生文化”为内涵的中医药文化载体，而且铸造成“天下道源·华佗故里·中华药都·养生亳州”的城市形象展示会、“中成药、中药饮片、中药保健酒、中药日化产品、中药保健食品、中药消毒液杀菌剂、兽用中药”等药材药品的推销会以及以国际化为目标的独具特色的文化品牌和经贸合作盛会。

本届大会共安排了经贸活动、学术交流活动和文娱活动三大板块，其中，经贸活动包括国际（亳州）中医药展、国际（亳州）药材药品交易洽谈会和中国（亳州）投资环境说明会暨项目签约仪式；学术交流活动包括全国知名中医院院长论坛和全国中药物流发展论坛；文娱活动有开幕式暨“中华药都·养生亳州”主题晚会，本次晚会融合了药文化、酒文化、道家文化以及三曹文化等本土元素，高度展示了一个历史悠久、蓬勃发展的国际化药都新形象；还有华佗诞辰1883周年祭祀大典和第二届中国（亳州）华佗五禽戏养生健身节。

2011年第八届国际（亳州）中医药博览会暨第二十七届全国（亳州）中药材交易会

主题：中医药，让人类更健康　　　　时间：9月8日—10日

本届大会以“弘扬中医药文化，加快中医药产业发展，促进中医药造福人类”为宗旨，树立“人文药博、生态药博、科技药博、养生药博”的理念，大力推进千亿元现代中药产业基地和国家中药现代化科技产业（安徽）基地建设，共安排了经贸活动、学术交流活动和文娱活动三大板块、十二项活动。

经贸板块突出展览展示、招商推介和经贸洽谈，设置了国际（亳州）中医药展、国际（亳州）药材药品交易洽谈会暨签约仪式和中国（亳州）投资环境说明会暨项目签约仪式等三项活动。国际（亳州）中医药展共设置了中成药、中药饮片、中药保健酒、中药日化产品、中药保健食品、中药消毒液杀菌剂、兽用中药、医疗器械、药械、健身气功相关产品等展区。

本届中药材交易会纳入了商务部内贸领域支持展会，根据财政部办公厅、商务部办公厅《关于2011年流通领域放心肉服务体系等项目资金安排有关问

题的通知》精神，对境内每个参展企业按展位费的 70% 进行补贴，补贴金额最高可达 1 万元。学术板块更具有针对性，共设置了包括中医药国际化发展论坛、第五届全国知名中医院院长论坛、中医院药事管理经验交流研讨会暨小包装中药饮片推广使用标准化论坛和中药调剂与合理用药学术研讨会等四项活动，国内外知名中医药企业、中医药知名专家、中医院院长、药剂室主任荟聚一堂。文化板块在内容上更加丰富多彩，举办了开幕式暨主题晚会、华佗诞辰 1884 周年祭祀大典、亳州第二届中国健身气功博览会暨第三届华佗五禽戏养生健身节活动、“中医药，让人类更健康”文化广场活动和闭幕式焰火晚会等五项内容。

2012 年第九届国际（亳州）中医药博览会暨第二十八届全国（亳州）中药材交易会

主题：中医药，让人类更健康　　　　　　时间：9 月 8 日—10 日

本届药博会参会客商达到 13 多万人次，现场签约 34 个合作项目，总投资金额 151. 8 亿元，这是今年药博会期间，亳州市投资环境说明会暨项目签约仪式上交出的“成绩单”。从签约数字上来看，今年较去年药博会签约 139 亿元的总投资金额，增加了 12. 8 亿元，再创历史新高。从签约的成效看，今年签约的 151. 8 亿元中，合同金额达 83 亿元，工业项目 26 个。

主要活动包括开幕式暨主题晚会；华佗诞辰 1885 周年祭祀大典；中国（亳州）投资环境说明会暨项目签约仪式；第四届中国（亳州）华佗五禽戏养生健身节；国际（亳州）中医药展；“中医药，让人类更健康”文化广场

活动，活动内容包括中药材种植技术咨询、中药材真假识别、中医药科普宣传、中外知名中医义诊、养生保健体验、健康体检、专家健康咨询、健身气功功法展示，国外养生长寿的食品、菜品、中药保健品展示及体验等；中国（亳州）酒文化节，活动内容包括酒类产品展销会、曹操献酒纪念大典、首届“中华药都·华夏酒城”文化景观彩灯展示、国际（亳州）药材药品交易洽谈会签约仪式、华佗医学与中国传统文化学术研讨会、全国知名中医院院长论坛以及药博会闭幕式焰火晚会。作为今年药博会的新增项目和首个活动，亳州市首届“中华药都、华夏酒城”文化景观彩灯展示于9月1日就拉开了今年药博会的“序幕”，一直持续到9月15日，备受药都市民的关注与喜爱，灯展展示了亳州市“中华药都·华夏酒城”的文化内涵，进一步丰富了市民的精神文化生活，市民在游园赏灯的过程中，感受到了药博会浓郁的氛围。

2013年第十届国际（亳州）中医药博览会暨第二十九届全国（亳州）中药材交易会

主题：中医药，让人类更健康　　　　时间：9月8日—10日

为响应中宣部等五部门关于制止豪华铺张、提倡节俭办晚会的通知精神，自本届药博会开始不再举办主题晚会。除了不再举办主题晚会，亳州市还对今年药博会各项活动均提出严格节俭办会的要求。各活动一律不准燃放鞭炮和礼花，一律不准铺设地毯、摆放鲜花，一律不准悬挂过街条幅，力图把药博会办成一个务求实效、简洁大方的盛会。

本届药博会继续由安徽省人民政府、中国国际贸易促进委员会、中国中药协会主办，亳州市人民政府、中国国际贸易促进委员会安徽省委员会、安徽省食品药品监督管理局、北京同仁堂（集团）有限责任公司和康美药业股份有限公司共同承办，得到了商务部、科技部、国家卫生和计划生育委员会、国家体育总局、国家中医药管理局、中华中医药学会、中国医药保健品进出口商会、世界中医药学会联合会等单位的鼎力支持。大会共安排经贸、学术、文化三大板块九项活动，其中经贸活动有国际（亳州）中医药展、第七届中国（亳州）酒文化节、国际（亳州）药材药品交易洽谈会和中国（亳州）投资环境说明会；学术活动有全国现代中医药发展论坛；文化活动有中国（亳州）国际健身气功博览会暨第五届华佗五禽戏养生健身节、“中医药·让人类更健康”文化广场活动、华佗诞辰1886周年祭祀大典。

2014年第十一届国际（亳州）中医药博览会暨第三十届全国（亳州）中药材交易会

主题：中医药，让人类更健康　　　　时间：9月9日—10日

针对本届药博会，亳州市继续秉承节俭办会的理念，开幕式只举行了简短的仪式，更加注重药材交易、合作洽谈等实实在在的效果。在接待方面，则是厉行节俭，严格执行有关规定。虽然是节俭办会，但是今年的药博会地方特色味道更浓，对亳州当地韵味十足的非遗文化进行了现场展演。截至目前，亳州市现有省级非物质文化遗产项目共20个。其中，二夹弦和五禽戏两个传统项目，还入选了国家级“非遗”项目。而作为这次药博会的重头戏，

非遗展演展示了唢呐《活力亳州》、二夹弦《梁祝》、剪纸、梆剧《好一个大药都》以及五禽戏在内的省级和国家级非遗项目。

除此之外，本届药博会还安排了包括经贸、学术和文化七项活动，其中经贸活动有国际（亳州）中医药展暨酒类产品展、国际（亳州）药材药品交易洽谈会和中国（亳州）投资环境说明会暨项目签约仪式；文化活动有华佗诞辰1887周年祭祀大典、药博会开幕式暨“中华药都”非物质文化遗产传承展示活动和中医药科普宣传、义诊活动；学术活动有全国现代医药发展论坛，包括全国知名中医院院长论坛、中国（亳州）医药界青年精英高峰论坛和皖北经济发展论坛亳州年会。

本届药博会招商引资成效显著，围绕十大主导产业，重点瞄准世界500强、全国100强、产业50强的企业集团，广泛邀请知名企业、重要客商参展参会。中医药展暨酒类产品展则吸引了来自31个省的企业，1.2万平方米的亳州会展中心展厅内共有展位450多个。有近200家企业参加国际（亳州）药材药品交易洽谈会签约仪式，现场签订21个投资协议，签约金额约23亿元；中国（亳州）投资环境说明会暨项目签约仪式上共签约31个合作项目，项目总投资199.6亿元，其中合同类签约金额为142.3亿元。

2015年第十二届国际（亳州）中医药博览会暨第三十一届全国（亳州）中药材交易会

主题：中医药，让人类更健康　　　　　时间：9月9日—13日

本届大会共安排包括华佗诞辰1888周年祭祀活动、开幕式暨第五届中国中医药发展大会、国际（亳州）中医药展暨酒类产品展、国际（亳州）药材药品交易洽谈会签约仪式、中国（亳州）投资环境说明会暨项目签约仪式、第二届中国（亳州）国际健身气功博览会暨第七届华佗五禽戏养生健身节六项活动等六项学术、经贸和文化活动。

其中，中国中医药发展大会首次在亳州召开。中国中医药发展大会主题是“战略改革发展”，年度主题是“中医之道、绿色药都、健康中国、世界共享”。第五届中国中医药发展大会设置一个高峰论坛和四个分论坛，四个分论坛分别是中药材保护与绿色发展、中医院与健康服务、互联网+中医药的跨界融合、“一带一路”与中医药国际化。中国工程院院士、中国中医科学院院长、天津中医药大学校长张伯礼，国医大师金世元、刘敏如、徐经世、唐祖宣等著名专家学者出席本次大会。在大会上，张伯礼、金世元、徐经世、唐祖宣、刘敏如分别作了《中医药发展的机遇与任务》《论道地药材》《中医“治未病”理念溯源与再思考》《中国式养生》《中医走出国门，参与国际医药卫生话语权》的演讲。同时在亳州发起成立了华佗大健康创新联盟，设立了国医大师传承工作室。

作为历年药博会的重头戏，今年的中医药展暨酒类产品展、药材药品交易洽谈会、投资环境说明会暨项目签约仪式等经贸活动成果丰硕。为期三天的国际（亳州）中医药展暨酒类产品展包括中药原料及成品展；中药保健产品展；中医药相关产品展；医药机械类展；酒类产品及名优产品展等。共设有特展81个、标展296个，其中，特展展位创新高。30余个省市的药企，以及瑞典、台湾地区的药企来亳参展，其中知名药企超过百家，彰显了亳州药博会的影响力日益扩大，平台得到了越来越广泛的认可。

药博会期间，来自全国27个省市与香港、澳门和台湾地区，韩国、印度等国家的知名药企、保健品企业、连锁药店、中医院、医药公司、代理商等，进行了广泛而深入地交流和贸易洽谈，达成多项贸易协议。国际（亳州）药材药品交易洽谈会签约仪式上，现场签订贸易协议31个，签约金额达24亿元。近年来，亳州不断发挥自身比较优势，打造良好投资环境，日益成为投资的热土。来自全国30个省、市、自治区，7个国家和地区，共600多位工商界精英利用药博会平台来亳寻求商机，谋求合作。中国（亳州）投资环境说明会暨项目签约仪式，共签约项目36个，签约金额157.8亿元，其中工业项目28个，签约金额96亿元，合同类项目32个，签约金额135.8亿元。

华佗诞辰1888周年祭祀活动遵照古法，庄严肃穆，内容上更加突出华佗学术及其“悬壶济世、大爱无疆”精神的传承性。华佗中医药博物馆新辟了亳州老字号承庆堂的展览区，展示了不少老物件，既充实了中医药博物馆的文物，又突出了亳州的特色。作为本届药博会的最后一项活动，也是一项重要的文化交流活动，第二届中国（亳州）国际健身气功博览会暨第七届华佗五禽戏养生健身节于9月12日至13日举行。本届健身气功博览会设立了易筋经、五禽戏、六字诀、八段锦四个比赛项目。比赛项目设集体赛和个人赛，个人赛项目分男女组单独竞赛，功法为普及功法。来自法国、德国、斯里兰卡、喀麦隆等18个国家的20支国际代表队以及来自国内的12支省市代表队同台竞技、参赛交流。除健身气功交流比赛外，与会嘉宾还体验了传统五禽戏，与亳州华佗五禽戏传承人进行了交流互动，增进了友谊和了解。

2016年第十三届国际（亳州）中医药博览会暨第三十二届全国（亳州）中药材交易会

主题：中医药，让人类更健康　　　　时间：9月9日—10日

本届大会共安排了八大项活动，包括华佗诞辰1889周年祭祀活动、开幕式暨华佗中医药文化展演、国际（亳州）中医药产品展暨酒类产品展、国际（亳州）药材药品交易洽谈会签约仪式、中国（亳州）投资环境说明会暨项目签约仪式、全国现代中医药发展高端论坛（三个分论坛分别是全国知名中医院院长论坛、中药产业流通与质量安全信息化高峰论坛和“互联网+养生花

草茶”论坛）；华佗五禽戏养生健身节以及古井集团开酿及全国企业文化示范基地揭牌系列活动。无论是经贸合作，还是学术文化交流都取得了新成就。

作为我国在中医药方面规格最高、规模最大的会议之一，近年来，亳州药博会以其独特的产业优势、浓厚的学术氛围和鲜明的文化特色为业内所赞誉。今年更是吸引了众多专家学者来亳州共商中医药发展大计，吸引了众多行业巨头来亳投资兴业、共谋发展。中国工程院院士、中国药科大学副校长王广基，国际宇航科学院院士、北京理工大学生命学院院长邓玉林，南京中医药大学原副校长蔡宝昌，国医大师徐经世，安徽省中医院院长侯勇，河南中医药大学附属医院院长朱明军，杭州市中医院长杨勇等众多专家学者来亳参会，全国共有170家中医院院长来亳参会。同时，共有近140家药企来亳参会，谋求合作，寻找商机，其中，全国药企百强、上市公司23家。天士力集团董事长闫希军、河南宛西制药集团董事长孙耀志、山西振东医药有限公司董事长李安平、哈药集团中药饮片公司总经理由长臣等业内巨头，均来亳参会。

中医药产品展暨酒类产品展共计有533家企业参展，80%是省外企业，展出面积45000平方米，折合国际标准展位1276个。无论是展位规模，还是参展产品种类均较往年大幅增加，较2015年相比翻了三番，参会人数达到10万人。中医药产品展暨酒类产品展参展企业382家，展出面积27000平方米；医药器械展151家，展出面积18000平方米。药博会的影响力日益扩大，平台得到了越来越广泛的认可。来自全国多个省市、多个国家以及我国香港、澳门、台湾地区的知名药企、保健品企业、连锁药店、中医院、医药公司、代理商，进行了广泛交流，贸易洽谈，达成了多项贸易协议。今年的药材药品交易洽谈会签约仪式上，签约金额达28.6亿。中国（亳州）投资环境说明会暨项目签约仪式共签约项目48个，项目总投资345.2亿元，其中工业项目35个，签约金额约261.1亿元。

今年的全国现代中医药发展高端论坛，共分为全国现代中医药发展暨全国知名中医院院长高端论坛、中药产业流通与质量安全信息化高峰论坛、互联网+养生花草茶论坛等三个论坛。在全国现代中医药发展暨全国知名中医院院长高端论坛上，包括国际宇航科学院院士、北京理工大学生命学院院长邓玉林等8名主讲嘉宾作了演讲，纵论现代中医药发展大势、分析机遇挑战、探讨未来方向。在中药产业流通与质量安全信息化高峰论坛上，与会专家就亳州中药产业信息化发展问题、大数据在中药产业链中的应用，进行访谈互动。花草茶是亳州现代中药产业的一个重要分支，我市正在打造互联网+创业示范园。在互联网+养生花草茶论坛上，中国工程院院士、中国药科大学副校长王广基做了主旨报告，与会嘉宾分享了互联网+传统行业趋势及分享经济等新型营销模式，助力亳州花草茶产业发展。

今年的药博会还举行了华佗中医药文化展演。华佗中医药文化展演以歌伴舞、非遗展演、情景表演、梆剧等形式深刻展现了华佗中医药文化。在第八届华佗五禽戏养生健身节上，除了健身气功五禽戏比赛外，还举行了五禽戏健身养生讲座、教学、书画展以及校园五禽戏研讨会，进一步推动华佗五禽戏走向世界，造福全人类。

2017年第十四届国际（亳州）中医药博览会暨第三十三届全国（亳州）中药材交易会

主题：打造世界中医药之都，让人类更健康　时间：9月8日—11日

今年药博会的主题是"打造世界中医药之都，让人类更健康"，围绕"世界中医药之都"建设，对话世界。与往年相比，新增了世界中医药（亳州）论坛、打造"世界中医药之都"恳谈会、2016年度中华民族医药百强榜单发布会、国际中医药技术交易论坛、"华佗杯"全国中医药知识电视大赛等五项活动，共安排12项学术、经贸、文化活动。大会采取政府推动与市场主导相结合的方式，把2017年药博会办成以药为媒的招商平台、以药展为载体的贸易平台、以国际化为目标的合作平台、以中医药文化传承与创新的学术平台，

进一步发挥传统医学优势，加快现代中医药产业发展，持续造福人民群众，努力在打造“世界中医药之都”上迈出坚定步伐。在药材药品交易洽谈会上，亳州市共签订贸易协议29个，签约金额33.1亿元，其中内贸23亿元、外贸1.55亿美元，同比增长15.7%。

全国医药百强企业有一半以上落户亳州市，拥有GMP认证医药企业167家，获批省级配方颗粒生产基地，被列为安徽省首批战略性新兴产业集聚发展基地，省股权交易中心“现代中药及健康产业亳州专板”挂牌企业达145家，建成了全国唯一的国家级中药材检测中心，成功申报首批国家中医药健康旅游示范区创建单位，获评“一带一路国际健康旅游目的地”荣誉称号。亳州在中医药领域的影响力和主导力不断增强，知名度和美誉度日益提升，为深入践行五大发展理念、奋力打造世界中医药之都奠定了坚实的基础。

五、药博会的记忆

每一届药博会的成功举办，凝聚了很多人的辛苦汗水和聪明智慧，连年举办这样一场声势浩大的盛会，亳州市举全市之力，从酝酿到准备，到开幕，到举办，再到最后完美落幕，不仅有组委会的精心组织，媒体记者的用心报道，还有交警、特警等的尽职尽责，环卫工人的全天候保洁，也有导游人员的热情周到，药商药农的积极参与，更有志愿者们的无私奉献，大家付出了辛劳和汗水，收获了快乐和感动，共同浇筑了如此有魅力的、具有亳州特色的药博会完美绽放。

本书作者特意访谈了曾经为药博会的成功举办贡献智慧和力量的志愿者、记者、交警、环卫工人、药商和药农，听一听他们记忆深处的药博会。

1. 志愿者崔佳：药博会上的风景线

每年的药博会上，青年志愿者都是一道亮丽的风景线。我作为青年志愿者中的一员，在2010年、2011年和2012年连续三年被团市委选调到到药博会进行志愿服务。

为保障药博会青年志愿者的整体素质，团市委特地聘请了奥运会志愿者礼仪形象培训师对药博会志愿者进行了培训。在加入药博会志愿者队伍之前，我就已经做好了吃苦的准备。

培训是在亳州学院（当年还是亳州师范高等专科学校）舞蹈排练室进行的。当时非常闷热，天气正是一年当中最炎热的酷暑。不活动都一身汗，活动起来更是大汗淋漓，但是我们每一个志愿者都咬牙坚持，汗流浃背也默默不语。培训师很严格，大家也都很认真。见每一个人都要问好，笑容要大方得体、自然。一次不行，两次，两次不对，三次……如此反复，每天都要站上五六个小时，直到每一个动作都做得自然、完美。说不累是假的，但我们始终都没有任何的怨言。

在前期的培训中，有一位身体素质较差的志愿者，承受不住天气的闷热和高强度的培训，在训练场地突然晕倒。送到医疗室输完液后，她执意要继续投入到志愿服务工作中去。一次药博会晚会现场，彩排期间下起了小雨，场地湿滑，而所有礼仪志愿者必须统一着旗袍装、高跟鞋。一位志愿者走台的时候，因楼梯湿滑，鞋跟高，不小心绊了一脚，摔倒在地，但她一直坚持工作到晚会结束。一位青年志愿者因淋雨发烧了，也同样选择了坚持。

始终把笑容挂在脸上是每一个志愿者的基本素养；“您好，有什么可以帮助您?”是志愿者经常挂在嘴边的一句话。能参与到一年一度的药博会中，看到众多明星站在亳州大地上，看到观众鼓掌欢呼，虽然很累，但我真的很开心。

2. 导游王元颖：游客的笑脸是最大的鼓励

非常荣幸，我参与了四届药博会，每次药博会来临之前，我都会为自己有幸成为其中的一员而兴奋很久，而每次也都会收获感动和欣慰。作为导游，游客的笑脸是对我们服务的最大肯定和鼓舞。

这几年，每次药博会期间，我都在华祖庵景区服务。记得去年，咱们本地的一位药商带领几位福建的药商来华祖庵参观，在几位外地人中有一位50多岁的老人已经是第二次来亳州了，而之前的一次还是在五六年前。老人走到景区后院的中医药文化博物馆，参观了中医药起源、华佗及其中医药成果、中医药资源以及亳州中医药的发展四大主题后，感到很震惊，一边参观一边赞不绝口，感叹亳州变化如此之大、如此之迅速。

药博会前后，因为游客多、工作量大，我和同伴们都很累，但每次接待这样的游客，当看到他们眼中的那份惊喜和认可时，瞬间感觉所有的辛苦都是值得的。

药博会也是我们一年中接待外地游客最为密集的时间段，为了让他们对咱们这儿的景点留下更深刻的印象，每次药博会来临前，我们都要努力对讲解词进行创新，丰富内容，让讲解变得更加活泼而不乏味。我每年都会很努力地让自己的讲解有个新跨越，全面为游客服务，只为看见游客满意的笑容。

3. 记者杨茂盛：是锻炼也是挑战

从2010年参加工作以来，我做了7年的记者，药博会已从起初的陌生变得再熟悉不过，在这场一年一度的重要宣传战役中，我也不再心生怯意。

直到现在我还能清晰地记得，2010年刚进入电视节目中心，药博会来临之前，领导给我派了活，采访活动前社会各界的准备及反应情况。我的老家在蒙城县，对于药博会一直仅停留在字面上，真的不知道这个活动在老百姓生活中的位置，采访更是无从下手，是一位出租车司机改变了我的认知。当时，出租车司机张师傅拨打我们栏目组的电话，说为了祝贺药博会的到来，他自编了一段顺口溜。这段顺口溜语言虽然不怎么华丽，但是感情真挚、朴实，代表了普通大众的心声，非常打动人。一位普通市民对药博会的感情，触发了我的感动。我获得了采访的灵感和启发。

这么多年，每次药博会我都积极自荐要求参加采访任务。采访普通市民、药商、明星……随着活动越办越好，采访对象、采访内容也变得越来越丰富，当然闭门羹也没少吃。每年最难采访的莫过于那些明星大牌，有时为了一个采访，要在宾馆外等大半天，庆幸的是，基本都能顺利完成。

加入这场宣传战役中，我感到既是锻炼也是挑战。每一年的药博会我们媒体人都努力给大家呈现不同以往、耳目一新的盛宴。

4. 交警李扬：难忘路边吃盒饭

药博会是每年亳州这座城市最重要的节日，也是交警们最忙的时候。作为一名交警，我有幸参与了三次药博会，每一次都激动而难忘。

药博会晚会当天，我们清晨一大早就要赶到执勤地点做好先期道路管控，对车辆进行分流和引导，中午也不能下班。能参与药博会，我有一种自豪感和责任感，所以即使每年的那一天都和同事们站在马路边吃盒饭，也非常开心。

记得有一年药博会，我们发现一辆外地客商行车很缓慢，细问之下才知道，他是来亳州投资并参加药博会的外商，急等着要去参加一场签约仪式，但是下了高速就迷了路。我们便绕开拥堵的路段把他准时带到了会场。那位外商激动地说："没有想到交警会主动帮助我，这么有责任心。"

每年的药博会主题晚会结束时都已经很晚了，可是我们交警却走得最晚。我们要保证全体人员安全疏散，停留车辆全部开走之后，才可以撤离。所以，每年我们完成任务撤离的时候基本上已经是凌晨2点了。

5. 环卫工人张翠云：城市干净了，人家才愿意来

自从老伴去世后，我做环卫工人已经五年了。虽然工资低，很累，但是每个月能挣点收入，我就觉得踏实，够给我孙子买零食吃的。

每年举办药博会的时候，亳州对城市的环境卫生要求都非常高，说是要给外地客商留下好印象。我在南湖公园做保洁，南湖公园是咱亳州的一个门面，卫生不能差了，得保证草地上看不见一张纸片、一点瓜果皮屑。我们环卫工人在药博会开始前的半个月就绷紧弦了，有给大树草地烧水的、有修剪花丛的，有到湖里捞垃圾的，有打扫公园路面的，我们都很有干劲，早晨吃过饭一大早就过来了，中午回家吃了饭就赶紧上岗，一点不耽误，晚上天黑才回家。我们就想着不能给亳州人丢脸，不能让人家看到咱亳州多脏、多乱、多差。"外地的大老板生活条件好，来咱这小亳州，不能让人家说咱脏，城市干净了，人家才愿意来。虽然我文化程度不高，但是我也知道药博会是咱亳州的大事。"

6. 药企销售员李乐乐："大本营"迎来全国客

每年的药博会都会吸引中外客商来到我市。每到这时，我们药栈的成交额都会翻倍增加，作为敬道虫草专营店销售员，我也比平时忙碌了很多。

我们药栈是敬道药业公司的窗口单位。公司有很多采购员长年驻扎在成都、西宁、拉萨三个虫草主产区，还有很多业务员分布在全国各大城市进行产品推广，积累了大量客源。每逢药博会，分布在全国各地的业务员、采购员都将邀请自己客户到亳州"大本营"交易游览。这时，我们全体销售人员便主动请缨，为外来客商做好接待工作。我在这里已经工作了四年，每到药博会我都会带着这些远道而来的客商逛药市、喝花茶、饮药酒、吃药膳、洗药浴，品亳州传统特色小吃，观看药博会文艺晚会……在顾客返乡时，我们还会购买本地特产，让这些顾客捎回。为确了保产品质量，使顾客买到放心药，我们药栈花重金引进一台X光机器摆放在柜台上方，买家在购买商品时都能够进行当场检验。同时我们还采取薄利多销的原则，在药博会期间把价

格调到最低。

7. 药农黄大力：药博会带来好商机

从1995年至今，我放弃种植庄稼改种地产药材已经有23个年头了，种植的药材有7亩，种类包括白芍、桔梗、牡丹、大青根、防风、白芷等地产药材。每年药博会前后正赶上白芍、牡丹、桔梗这三个品种产新，也正是借药博会的东风使这些刚刚出土的“宝贝”卖个好价钱。订单多了，价格自然就会水涨船高。

我家住在谯城区古井镇，虽然我是药农，但目前也从事地产药材的销售和代购。我的药材收购站，不但可以供我自己自产自销，同时还为其他药农和药商进行地产药材的交易提供场所。

为了解行情，我经常到中药材交易市场观察我种的这几种药材的走势。来我家买货的客户最远的来自广东，他说自己是慕“华佗”之名而来。每到药博会期间，随着蜂拥而至的订单，我们也比平时要忙碌许多，带客户寻找货源，到药农家里看货、订货、谈价格、验货、过磅、装车……忙得很。

客户买到自己满意的货品、药农卖出种植的药材，我的腰包也跟着鼓起来。药博会的举办将大批药商吸取到亳州来采购参观，同时也让我的收入成倍增长。这得感谢咱亳州的药博会。

8. 药商徐龙：企业展示的最好舞台

药博会临近，亳州白云山制药有限公司作为全国知名外来企业，利用药博会一展实力，是我们每年都在坚持做的一件事，因为我们相信，药博会是帮助企业迈向国际市场最好的舞台。每年药博会开始半年前，我们就开始着手准备会展的布置工作了，工人们也在集中精力做好生产，争取把我们最有实力的产品呈现在药博会上。

亳州白云山制药进驻亳州已有24年，每年的产品展销会上，白云山的复方板蓝根、止咳枇杷颗粒等展销产品都为公司赢得了不少赞誉，我们是一次也不舍得错过这样难得的机会。尤其是今年，亳州白云山在项目扩建上会有一个跨越式发展，更需要药博会这个强大的舞台向外界展示自己。

药博会是一个国际性的交流平台，商家们在这里互展、互观、互学，逐步完善自己。它加深了世界对亳州的认识，强化了亳州的品牌知名度，随着药博会的氛围越来越浓厚，企业发展的信心也日益强大。说实话，我们的压力也挺大的。你看，亳州发展得越来越快，同行业的竞争越来越激烈，药博会的规格也一年比一年高，企业不能原地打转了。我们也要不断创新、不断提升，不断与国际接轨，争取利用这个平台，把更多的“白云山”产品推向国际市场。

第三节　创新——城市之智慧

翻开人类文明发展史和城市发展史，我们不难看到，决定一个城市能否持续健康前进和发展高度的最终不是经济水平或者其他因素，而是创新。没有创新就没有进步，不进则退。城市发展过程中经常会遇到瓶颈，唯有创新才能找到出路；科技和产业发展迅速，唯有创新才能赶超时代；城市之间竞争加剧，唯有创新才能杀出重围。创新是推动城市健康发展、持续发展、均衡发展，永葆生机和活力的生命线。党的十九大报告指出：“加快建设创新型国家。创新是引领发展的第一动力，是建设现代化经济体系的战略支撑。”我国在加快建设创新型国家的同时也将建设创新型城市列为长期发展战略。创新型城市已是世界城市发展的大方向，我国不少大中城市已经率先走在了创新型城市建设的前列。目前，安徽省是创新型省份建设试点省，亳州市也在这个大环境下积极创建省级创新型城市，依靠创新驱动拉动全市经济社会发展。底蕴丰厚的亳州，也是不断创新的亳州。党的十八大以来，亳州的综合实力大幅提升、人民生活显著改善、改革开放持续深化、创新活力加速迸发。亳州正在大踏步地走向新的发展阶段。

一、城市创新

亳州这座拥有悠久历史的古老城市在安徽省地级市中属于“市龄”最短的，年轻就是有活力，年轻就是有冲劲，年轻就是有无限可能。亳州市在建市以后发展势头迅猛，旧貌换新颜，城市变化可谓是日新月异。变，是世间不变的规律；新，是万物生长的规律。对于年轻的城市亳州来说，发展，是势不可挡的；改革，是大刀阔斧的；进步，是突飞猛进的。老城改造，新城崛起，房企入驻，新商业圈形成，道路拓宽，交通格局改变，环境治理力度大，基础设施配套增加等让人目不暇接，惊讶、惊叹。建市 18 年的历程是一部励志史，一部发展史，更是一部创新史。亳州城市的魅力越发迷人，亳州市民的生活越发美好，亳州大地的气息越发清新！

“十二五”的五年对亳州来说，是划时代的五年。主城区规划面积扩大到218平方公里，是地级亳州市成立时的4.5倍；GDP首次跨越千亿元台阶，具有里程碑意义；城镇化率每年平均提高1.5个百分点，增长速度在安徽省最快；“九城同创”助力经济发展，民生持续改善；美好乡村建设一直走在皖北前列；成功创建全省文明城市……五年来，亳州市统筹城乡区域协调发展，坚持一手抓物质文明、一手抓精神文明建设，城市功能和承载力进一步增强，城乡面貌焕然一新，奏响迈向小康社会的号角。

近年来，亳州发展步伐不断加快，经济总量迈上新台阶，经济社会发展呈现新气象。尤其是GDP首次跨越千亿元台阶，具有里程碑意义。随着皖北振兴战略深入实施，亳州创新发展空间巨大，前景广阔。目前，亳州已编制完成32个专项规划，建立了基础地理信息库和动态维护更新机制，及时更新数据，保障专项规划目标任务的全面落实。从2015年开始，亳州市根据专项规划，按照轻重缓急的顺序，启动建设了163条道路、20所中小学、15所幼儿园、21家医院、7个公园、5条水系景观带等。从2014年开始，亳州市针对发展中的短板，提出按照国家标准，推进全国文明城市、未成年人思想道德建设工作先进城市、卫生城市、环保模范城市、社会管理综合治理优秀城市、双拥模范城、园林城市、智慧城市和新能源示范城市“九城同创”，用打造“大环境”来助力经济发展、持续改善民生。目前，全国双拥模范城已经创建成功，智慧城市、新能源示范城市已经纳入国家试点，其他各项创建工作正在按照具体创建方案和时间年年高标准推进。在创建工作中，非法营运三轮车、户外广告和电话亭、报刊亭整治等三项难度最大的工作均取得了实效。2012年以来，亳州市根据“因地制宜、科学规划、以县为主、梯次推进”的原则，以村庄建设、环境整治、产业发展为重点，科学有序地推进美丽乡村建设，取得了积极成果，在2013—2016年度省级美丽乡村验收考核中始终居于全省先进行列、皖北片区第一名。如今，亳州市村庄人居环境不断改善，农民生活质量不断提升，农村产业经济不断壮大，村民精神面貌不断提振，“垃圾靠风刮，污水靠蒸发”，脏、乱、差的环境彻底改善，农村变得越来越干净了。

在增强城市硬实力的同时，亳州市非常注重提升城市软实力，不断促进软实力创新驱动力增强。2015年1月，亳州市当选为第三届安徽省文明城市；2017年6月，亳州市荣获“第四届安徽省文明城市”和“第三届安徽省未成年人思想道德建设工作先进城市”，沉甸甸、明晃晃的金字招牌，既凝聚了亳州人年复一年的辛苦努力和聪明智慧，又是对亳州人敢闯敢拼敢干敢为的高度肯定。厚德亳州好人辈出，好事潮涌，截至目前，共有 2 人荣获全国道德模范和提名奖称号，22 人荣获省级道德模范和提名奖称号；累计入选“中国好人榜”132 人，“安徽好人”及提名奖 94 人，一大批好人好事和先进典型如芍花般绽放，彰显了社会正气、践行了厚德精神、传播了文明风尚。城市的发展依靠人民，发展的成果由人民共享。人心向善、生活向好的精神道德是人们幸福生活的源泉。

2016 年，亳州市制定了《亳州市五大行动发展计划》，提出要努力建设百万人口大城市，要坚持以供给侧结构性改革为主线，以构建创新型产业体系为目标，以科技创新为第一动力，深入实施创新驱动发展战略，大力推动大众创业万众创新，鼓励创新创意创造，让创新在全社会蔚然成风。《亳州市五大行动发展计划》把“深入践行五大发展理念，奋力走在皖北振兴前列”作为总要求，围绕“实施创新发展行动，培育经济增长新动能”“实施协调发展行动，构建统筹联动新格局”“实施绿色发展行动，建设生态宜居新家园”“实施开放发展行动，拓展经济发展新空间”“实施共享发展行动，增进人民生活新福祉”等五个方面，努力把亳州市打造成为新兴工业强市、现代农业强市、文化旅游强市、新型智慧城市和健康养生城市，在践行五大发展理念中闯出新路，不断开创奋力走在皖北振兴前列的新局面。

近日，亳州市出台了《亳州市支持新能源汽车产业创新发展和推广应用若干政策》，全方位支持我市新能源汽车产业创新发展与推广应用，有效促进节能减排。2017 年底，新增和更换的公交车中，新能源公交车的比例不低于 50%；新增及更换的环卫等车辆中新能源汽车比例不低于 20%；2018 年开始，新增巡游出租车使用新能源汽车比例不低于 30%；2018 年 6 月 30 日前启动新能源汽车专用号牌核发工作。

目前，亳州市正在努力打造省级创新型城市，亳州经济开发区正在积极创建省级高新区，古井集团、安徽协和成药业有限公司正在全力争创国家级、省级创新平台。全市的创新发展形势一片大好。仅 2017 年以来，亳州全市上下按照五大发展“路线图”（2016 年 11 月安徽省委十届二次会议审议通过了《安徽省五大发展行动计划》，五大发展分别是：①创新驱动力显著跃升，加快建成创新型“三个强省”；②发展协调性显著增强，加快建成城乡区域一体发展新体系；③生态竞争力显著提高，加快建成生态文明建设安徽样板；

④经济开放度显著扩大，加快建成双向互动内外联动的内陆开放新高地；⑤群众获得感显著增进，加快建成人民幸福社会和谐的美好家园），紧盯目标，夯实举措，稳扎稳打，在创新发展方面取得明显成效。“三去一降一补”任务扎实推进，现代中药产业集聚发展基地产值增长21.5%、产值居全省25个战新基地第6位，市食品产业园区已入驻项目39个、总投资25.4亿元，“2017亳州文化旅游年”活动如火如荼，亳药花海休闲观光大世界项目成效初显，新获批高新技术企业10家、授权发明专利66件，新增私营企业和个体工商户增速均居全省第1位，创新创业活力加速释放。

自2007年至今是亳州发展最为迅速的时期。11年前，亳州拉开南拓序幕，一路向南开发，直到现在的亳芜产业园，铿锵前进，快步行走。如今亳州已经发展成为一个多区域的新兴城市，包括经济技术开发区、亳芜产业园区、高铁片区、北部新城、老城区等多个区域，大踏步走进多区域发展新时代。其中，经济技术开发区是1993年经安徽省人民政府批准设立的省级开发区，分为北区和南区两个部分。南区即亳州市南部新区，于2009年规划落成，是亳州市民最看好、发展潜力最大的区域。

亳州南部新区，又叫南部新区工业区，处于亳州市区南部，辖区范围为紫苑路以南、105国道以东、铁路桥以西、绕城快速路以北，规划总面积100平方公里，总人口12万人。

建区背景：作为国家级历史文化名城，亳州拥有很多老街区，诸如州后街、白布大街等，这些老街区不但是以往的商业、经济、文化中心，而且聚集较多的历史文化遗迹，如果在这些地方重新布置一条管线，无疑等于“开膛破肚”，破坏历史文化保护区。这是行不通的。历史形成的亳州老街区存在建设破旧、建筑密度和容积率过高、基础设施配套不完善、绿地广场相对缺乏、公共服务设施相对不足、交通拥挤、环境质量较差等问题。老城区由于受到历史文化保护和建设现状的制约，已经跟不上时代发展要求，这就迫切需要寻求崭新的城市发展空间。

新区规划：有别于老城区，南部新区的定位是“现代之城、生态之城、宜居之城”，精心打造一座适宜居住、具有浓厚时代气息的现代生态新城。新区规划定位有三块功能：第一是高新产业的发展区；第二是社会事业的聚集区；第三是功能配套设施齐全的居住区。根据这三大功能定位，南部新区将通过对空间活力的激扬和城市品质的提升，深入挖掘城市特色，呈现出与老城区遥相呼应的现代化新城景观。南部新区的整体空间结构可以用“一心、三组团、四轴、四带”来形容。“一心”指的是新区中心，公共设施集中地，汇集了南部新区的商业金融、商务公寓、文化休闲等重要设施。“三组团”是以汤王大道和京九铁路为界，将规划地区分为三个组团：西部工业组团、中部综合组团和东部综合组团。其中，西部工业组团以工业园区建设为主，而中部和东部综合组团汇聚了医院、学校、公园、体育场、图书馆等社会公益设施。“四轴”是指沿希夷大道、世纪大道、古井大道和南一环路交通干线形成的四个城市发展轴。“四带”指的是沿东西向的凤尾沟、南北向的宋汤河、龙凤新河以及京九铁路沿线绿化景观带。其中，沿凤尾沟和龙凤新河主要为公共绿地、街头绿带和滨水绿带，同时串联规划区的公园。京九铁路绿化景观带主要为生态防护绿带，通过成片的生态防护绿带，不仅能够有效阻隔铁路带来的噪音，同时也大大提高规划区的空气净化能力。

发展现状：2007 年，南部新区还只存在于亳州人民的想象之中，然而就在 2009 年过后，亳州人惊喜地发现，条条高规格的道路和座座加紧建设的现代化工厂屹立在眼前。南部新区的蜕变在亳州市 2011 年的十大新闻评选中位列榜首。人们惊喜地发现，一个个投资项目开建，一个个产业纷纷落地，康美药业、修正药业、精华制药、蜀中制药、万通药业、宛西制药、双鹤药业、天江药业等上市公司及国内知名药企落户工业区，产业集聚效应强势呈现。亳州人民医院、亳州一中、南湖公园、林拥城等紧随而上。亳州唯一的本科院校亳州学院发展蒸蒸日上，多家高档小区林立，亳州万达广场超级商业综合体等多业态商业形式陆续绽放，南部新城的核心商圈已经成形。俗话说，“火车一响，黄金万两”，对于四线小城亳州来说，高铁是继火车之后在城市经济发展中扮演重要角色的交通工具。目前正在建设商合杭高铁项目，预计 2019 年投入使用。亳州市将成为商合杭高铁入皖的第一站，药都市民翘首期盼的高铁时代即将正式到来。

2016 年制定的《亳州市中心城区近期建设规划（2016—2020）》将亳州市重点发展方向定位为“南拓、北调”，“南拓”重点包括亳芜产业园区、高铁南站周边地区、市政公园周边等地区，未来应发展成为与老城区功能互补、配套完善的新城区。“北调”重点为北部新城和老城区，通过改善提升北部的老城区、涡北片区，使之与新城对接连片发展，疏散部分老城区人口，缓解老城区环境承载压力，逐步改善老城区风貌与人居环境。

未来，亳州南部新区将发展成为亳州政治、经济、文化中心，成为引领城市发展的新坐标、现代城市发展的新典范、城市创新的新先锋、亳州的新名片。

二、企业创新

1. 概述

企业创新是根据市场需求的发展趋势，充分利用并且不断优化自身资源与社会资源配置，对产品、生产技术或管理方法等的革新和创造。企业创新具有创造性、风险性、高效益性、系统性、综合性、时效性和实用性等特点。企业创新包括制度创新、技术创新、管理创新、产品创新、营销创新、思维创新等内容。

制度创新是指引进、制定新的企业制度代替原有的企业制度以适应企业面临的新情况。制度创新的核心是产权制度创新，它涉及为调动经营者和员工的积极性而设计的一整套利益机制。只有这样的企业制度安排，才能调动企业内部各类人员的积极性，推动技术创新和管理创新的发展。

技术创新是指一种新的生产方式的引入，这种生产方式可以建立在一种新的科学发现的基础上，也可以是以获利为目的的经营某种商品的新方法，还可以是工艺上的创新。新的生产方式具体是指企业从投入品到产出品的整个物质生产过程中发生的“革命性”的变化，或叫“突变”。这种突变与在循环流转中年复一年的同质流动或小步骤调整不同，既包括原材料、能源、设备、产品等硬件创新，也包括工艺程序设计、操作方法改进等软件创新。其中，产品创新按新产品的创新和改进程度，可以分为全新新产品、换代新产品、改进新产品和仿造新产品；工艺创新则可以分为独立的工艺创新和伴随性的工艺创新。

管理创新是指企业把新的管理要素（如新的管理方法、新的管理手段、新的管理模式等）或要素组合引入企业管理系统的创新活动。它通过对企业的各种生产要素（人力、物力、技术）和各项职能（包括生产、市场等）在质和量上进行新的变化或组合安排，以创造出一种新的、更有效的资源整合范式。这种范式既可以是新的有效整合资源以达到企业目标和责任的全过程式管理，也可以是新的具体资源整合及新的目标制定等方面的细节管理。

思维创新是一种具有开创意义的思维活动，表现为发明新技术、形成新观念、提出新方案和决策，创建新理论等。它具有创新性、灵活性、风险性等特点。它从现实的活动和客体出发，但是它指向的并不是现存的客体，而是潜在的、尚未被认识和实践的对象。它的诀窍在于多角度、多侧面、多方向地看待和处理事物和问题的过程。

在经济全球化背景下，我国企业面临前所未有的机遇和挑战，为应对全球化过程中出现的新问题和新形势，企业应具备全球化视野，应增强规则意识、创新意识、双赢意识和市场意识，发扬务实奋进精神和作风，勇于抓住战略机遇，保持企业的生命力和战斗力，促进企业健康快速发展。同时，在全球化背景下，我国在大力发展新型工业的过程中，不能丢掉我们的优势和传统，那就是传统产业和劳动密集型产业。这是我们的看家本领，是逐步实现我国城镇化的重要保证。亳州古井集团作为传统产业和劳动密集型产业，在经历了多元化产业发展阶段以后，于2008年毅然回归它的白酒主业，专注于自身特长，发挥优势，同时有条件有选择地发展其他产业。这是在当前经济全球化背景下的明智抉择，也是立足我国国情面向企业未来的正确发展道路。

2. 亳州优秀企业代表

安徽古井集团有限责任公司是中国老八大名酒企业，中国制造业500强企业，是以中国第一家同时发行A、B两支股票的白酒类上市公司安徽古井贡酒股份有限公司为核心的国家大型企业，坐落于历史文化名人曹操和华佗故里、世界十大烈酒产区之一的安徽省亳州市。公司的前身为起源于明代正德十年（公元1515年）的公兴槽坊，1959年转制为国营亳县古井酒厂。1992年集团公司成立，1996年古井贡股票上市。2008年古井酒文化博览园成为中国白酒业第一家AAAA景区，2013年古井贡酒酿造遗址荣列全国重点文物保

安徽古井集团

护单位。2016年，古井集团成为“全国企业文化示范基地”，荣获中国酒业“社会责任突出贡献奖”。2017年，在“华樽杯”中国酒类品牌价值评议活动中，“古井贡”以638.5亿元的品牌价值位列安徽省酒企第一名，中国白酒第五名。

安徽古井集团有限责任公司秉承“做真人，酿美酒，善其身，济天下”的核心价值观，目前拥有正式员工10000多名，致力于打造以白酒主业为核心的“制造业平台”，以地产、商旅、农产品深加工为主的“实业平台”，以金融集团为主的“金融平台”和以酒文化、酒生态、酒产业、酒旅游为核心的“文旅平台”。

古井贡酒是集团的主导产品，其渊源始于公元196年曹操将家乡亳州产的“九酝春酒”和酿造方法进献给汉献帝刘协，自此一直作为皇室贡品；曹操也被史学界称为古井贡“酒神”；古井贡酒以“色清如水晶、香醇似幽兰、入口甘美醇和、回味经久不息”的独特风格，四次蝉联全国白酒评比金奖，在巴黎第十三届国际食品博览会上荣获金奖，先后获得中国地理标志产品、国家重点文物保护单位、国家非物质文化遗产保护项目、安徽省政府质量奖、全国质量标杆等荣誉，被世人誉为“酒中牡丹”“东方神水”“中华第一贡”。

目前公司主打产品古井贡酒“年份原浆”，以“桃花曲、无极水、九酝酒法、明代窖池”的优良品质，先后成为上海世博会安徽馆战略合作伙伴、2010中国—东盟博览会合作伙伴指定用酒，成为2012年韩国丽水世博会、2015年意大利米兰世博会、2017年哈萨克斯坦阿斯塔纳世博会上中国馆的官方合作伙伴，并于2011—2013年度连续三年总冠名“感动中国”人物评选活动，2016年、2017年、2018年成功邀约央视春节联欢晚会，读“亳”有奖活动受到广泛好评。

安徽古井贡酒股份有限公司多年来一直位列中国白酒企业前十强。2008年10月，古井酒文化博览园被国家旅游局批准为AAAA级旅游景区，这也是中国白酒业第一家AAAA级景区。2013年5月，古井贡酒酿造遗址荣登“全国重点文物保护单位”。2014年1月和12月，古井贡全球巡礼活动分别走进联合国、美国和法国，开启了中国白酒全球对话的新高度。2015年，古井贡全球巡礼活动走进意大利，牵手意大利米兰世博会；5月19日，古井贡酒无极酒窖开窖，发布中国首家白酒票号——无极票号；9月，安徽古井贡酒股份有限公司“实施‘135精益质量’管理模式的经验”荣获2015年全国“质量标杆”称号，古井贡酒股份有限公司为安徽省唯一入选的本土企业，也是质

安徽古井集团的核心价值观

量管理方向中国白酒业唯一入选企业。2016 年，古井贡酒股份有限公司荣获第二届中国酒业“仪狄奖”企业腾飞奖。2017 年，古井贡酒股份有限公司再次被国家工商总局授予“守合同重信用”企业。

2016 年 4 月，古井贡酒与武汉天龙黄鹤楼酒业有限公司签订战略合作协议，开启中国名酒合作新时代。安徽古井贡酒股份有限公司一直致力于企业创新，以创新立品牌，以创新赢市场，以创新树形象，以创新添内涵，以创新话文化，以创新立口碑，以创新绘未来！

第一、赋予“贡”字全新的时代内涵

在现代汉语词典里面，“贡”字有三层含义：①古代臣民或属国向帝王敬献物品；②敬献给帝王的物品；③封建时代称选拔人才荐给朝廷。[①] 由此可见，“贡”字具有浓厚的封建色彩，深厚的封建思想烙印。建安元年（公元 196 年），曹操将家乡酿制的九酝春酒（又名“减酒”）贡奉给汉献帝，从那以后，古井贡酒（当时称“九酝春酒”）就被当作宫廷用酒，名扬四方；后来被作为贡品年年进贡给朝廷，至明代被正式列为贡酒。古井贡酒四次进贡，跨越近两千年，这同时也说明了古井源于东汉，盛于明清，在新时代发扬光大。

第一次进贡是公元 196 年曹操将家乡的“九酝春酒”以及酿酒方法进献

① 《现代汉语词典》，北京：商务印书馆，2017 年版。

给汉献帝刘协。“九酝酒法”是目前能够查到的最早关于酿酒方法的详细的文字记载。《齐民要述》和《三国志》对此均有详细记载。

上九酝春酒奏：臣县故令南阳郭芝，有九酝春酒。法用曲三十斤，流水五石，腊月二日渍曲，正月冻解，用好稻米，漉去曲滓，便酿法饮。曰譬诸虫，虽久多完，三日一酿，满九斛米止。臣得法酿之，常善，其上清滓亦可饮。若以九酝苦难饮，增为十酿，差甘易饮，不病。今谨上献。臣曹操，汉建安元年，时丙子冬月。①

第二次进贡是明朝万历元年（公元1573年），祖籍减地的阁老沈鲤在万历皇帝的庆典上，把减酒进贡给朝廷，万历皇帝饮后连声叫好，赞不绝口。一时间“减酒”之名震动京师。民间也素有“涡水鳜鱼黄河鲤，胡芹减酒宴嘉宾”的说法。

第三次进贡是清朝末年，曾被皇帝赏赐黄马褂的毅军统帅、亳州人姜桂题将家乡的减酒进贡给慈禧太后，慈溪太后饮酒后极为赞赏。古井酒文化博物馆现存有清朝“储秀宫制”款豆青回纹大酒瓮，据说是供慈禧太后饮酒专用。

① 《三国志》

第四次是中华人民共和国成立后。1987 年，经过层层把关和严格审查，古井贡酒被选为当年国庆国宴用酒，打破了历年来只用茅台酒招待中外贵宾的惯例。2009 年全国“两会”期间，“古井贡酒 · 年份原浆”以其“纯正原浆，手工酿造”的独特工艺，再次被列为全国政协会议指定用酒，重返国宴。

古井镇位于亳州西北部，这里不仅是酿酒名镇，还是著名的中原古战场。发生在春秋时期的泓水之战（泓水即现在古井镇境内的小洪河），就是中国军事史上的一次典型案例。这次战役规模虽然不大，却标志着商周以来“礼义之兵”的战争方式行将寿终正寝，新型的以“诡诈奇谋”为主导的作战方式正在崛起，后来的“孙子兵法”就是其典型总结。而迂腐的宋襄公无视这一情况的变化，拘泥于“不鼓不成列”“不以阻隘”等旧兵法教条，终惨遭失败。

南北朝时期，公元 532 年，梁武帝中大通四年，高欢派遣樊子鹄攻打谯城，与梁将元树在此地进行了多次的拉锯战。樊子鹄手下大将独孤信战死，死前将其武器金锏长戟投于一口战场旁边的井中，愤而自尽。这口井，就是现在“古井”的来历。

然而，元树的好运并不长，樊子鹄动用了更多的兵力对元树进行包围，元树出于无奈，遂向北魏提出愿意让出以前占有的土地。樊子鹄假装同意，就在元树出城一半时，突然进行袭击，俘虏了元树，后元树在魏地企图逃跑，被杀。元树曾被封为咸阳王，死后葬于此地南十五里，老百姓称之为“咸王冢”，后讹传为“减王冢”，又因处于南北要道，为一大驿站，客店林立，亦称“减冢店”。“冢”有坟墓的意思，为避讳称“减店”。

1987 年，因为古井贡酒盛名远播，原减店集更名为古井镇。

古井有四绝：一是千年古井，历史悠久；二是水质甘洌，属优质矿泉水；三是有史以来就没有干涸过；四是井上有赵朴初、启功、沈鹏、溥杰、王蒙、毓嶦、启骧七大名人题写的亭名。故而该井被有关专家誉为“中国第一井”“华夏第一井”“天下名井”。

古井亭的明柱上，题着启功先生的对联“佳酿千年传魏井，浓香万里发汤都”。亭子正中间，是沈鹏先生书写的《古井亭记》碑：

古有禹时仪狄造酒之说，足见酒在我国源远流长。故《尚书》有《酒诰》之篇，《大雅》有《既醉》之章。而见于曹集之孟德奏上《九酝酒法》，则为吾亳造酒历史悠久之明证。古井之名著于史籍，《亳州志》云：南朝梁武帝中大通四年，高欢遣樊子鹄攻魏将元树于谯，树将独孤将军败死，死前将金铜长戟弃于此井，故井之历史可以追溯到一千四百年前。井泉甘洌，积年不涸，以之为酒，则清如水晶，味似幽兰。明清之际，列为贡品。故有贡酒之说。后因屡遭兵燹，湮没者百有余年。解放后，举国升平，百废俱兴，公元一九五九年经大力勘察，此井得重见天日。而今古井贡酒香飘四海，誉满五洲，酒因井而得名，井亦因酒而益彰。古井亭始建于解放前夕，今重建斯亭，增其旧制，登临揽胜，把酒凭栏，必能发吊古之幽情，添衔杯之雅趣。爰为之记，俾后人知斯井之渊源，而倍加珍爱，爱井及亭，庶斯亭之不朽。

沈鹏先生书写的“古井亭记”

围绕着古井和古井亭的，是古井园。园中是一棵百年老槐树。俗话说，有湖必有柳，有井必有槐。冥冥之中，槐和井有着某种内在的渊源。这棵古槐正是千年古井的陪伴者和守护神。

古槐、古井，蓝天、白云，正是这四个元素组成了“古井贡”商标。

古井贡酒起源于明代正德十年（公元1515年）的公兴槽坊，1959年4月，安徽省轻工业厅拨款10万元在公兴槽坊原址上扩建安徽亳县减店酒厂。7月21日，中共安徽省委发出通知，将减店酒厂改为省营厂。10月16日，安徽省轻工业厅通知：亳县减店酒厂所生产的高粱大曲经省领导研究决定，命名为古井贡酒。

“古井贡”商标

根据酒的历史和用水之井命名理应是无可非议的。1960年2月26日，古井酒厂按级申请注册“古井牌”古井贡酒商标，但是3月18日中央工商行政管理局却致函答复：“古井酒厂申请注册的古井牌商标可以使用，但古井贡酒最好改为古井酒。”4月18日，安徽省专卖公司经理高四龙给中央工商行政管理局写信说：“我的看法，贡字放在上面有什么不好？况经黄岩省长提议，那么不用贡字可能因为有封建名词，就因为这个理由，我国和世界各国对这样的字眼还是用，而贡字表示过去是封建所用，现在革命了落到人民手中，这不正说明像故宫等大型建筑回到人民手中一样吗？我意最好是不去贡字，若去还是请黄岩省长同意才行。”后来，中央工商行政管理局终于同意采纳了“古井贡酒”这个名字。

“文革”期间，带有浓厚中国传统文化色彩的古井贡酒被戴上了“四旧”的帽子。1967年，数十万套商标被一举焚毁，简易新商标“古井酒”开始启用。

1973年，应广大消费者的强烈要求，古井酒厂上报安徽省轻工业局请求恢复使用古井贡酒商标。同年9月1日，安徽省革命委员会轻工业局下发了同意批复的文件。

1987年5月，杨得志将军在喝过古井贡酒之后，欣然题词：“古井自古有名，贡酒应贡人民”。在此前后，耿飚、李德生、乔石等党和国家领导人及社会各界名人也先后来到古井，品尝过古井贡酒之后，纷纷题词留念。

此后，古井贡酒以更加亲和的形象，超越历史，突破了封建狭隘观念，进入了寻常百姓家，成为贡献人民的美酒。

2009年，古井集团重新确立了企业使命——贡献美酒，乐享生活，赋予了“贡”字以全新的时代内涵。

第二，遗址保护工作与时俱进

保护酿酒遗址不是一直不变的，而是处于不断保护与开发之中。古井贡酒酿造遗址的最大特点是将遗址保护、酿酒生产与展览陈列融为一体，这种做法是工业旅游的一个创新。

2013 年 5 月 3 日，国家文物局网站公布了 1943 处第七批全国重点文物保护单位名单，古井贡酒酿酒遗址（宋至清）（包括魏井、宋井、明清窖池、明清作坊遗址）四处，被列为“国保单位”。其国家级文物项处之多、体量之大、历史之久，为全国同行业之首。这也是古井贡酒文化博览园继 2008 年成为中国白酒首家全国 4A 级旅游景区之后又获国家殊荣。

早在 1998 年，“古井贡酒酿造遗址”就被批准为省级重点文保单位。获批后，古井集团积极开展工作，提升保护级别，制定保护规划，划定保护范围及建设控制地带，斥巨资完善基础设施。此次成功获批，可谓实至名归，对于传播古井酒文化、提升古井贡形象起到强大的推动作用。

古井贡酒酿造遗址主体由明清窖池群、明清酿酒遗址及两口古井构成，它们是古井酿酒文化的核心文化支撑。

明清窖池群 窖池是浓香型白酒关键发酵容器。从现代生物技术角度看，它是多种微生物相互依存度高的载体，集糖化发酵、酯化等多种生化反应于一体。窖龄越长，窖泥中繁衍微生物越多，产出酒越好。明清酒窖池共计 122 口，位于东经 115°39′33. 9″，北纬 33°59′29. 2″，海拔 48. 2 米。始建于明正德年间，系江苏南京怀氏所建。经测量，明代窖池结构呈斗状，口大底小，口沿呈长方形，与作坊地面在统一平面，深约 1. 8 米，长约 2. 7 米，宽 1. 3 米。窖池四壁与底面均敷窖泥。其内壁窖泥，是酿酒主体生香功能菌（乙酸菌、丁酸菌、甲烷杆菌等）繁衍栖息场所。经钻探发现，池底 5 米以下才见黄土，池底与黄土层间，泥色由深青色转浅灰色，酒香扑鼻。经化验证明，窖池内窖泥微生物从投粮酿酒糟醅中得到营养供给，经年累月驯化和富集，已形成庞大微生物生态系统。1960 年，安徽省工业厅组织专家对明清窖池群窖泥化验发现，其中富含有益菌株达 400 余种，这些古老神奇珍贵的窖池富含大量香味前驱物质，使得这些窖池愈显珍贵，使之成为古井集团酿制优质白酒的不可再生资源。20 世纪 80 年代，古井集团将其命名为“功勋池”。

明清酿酒遗址 与明清酒窖池相邻。2009 年 3 月，古井集团有限责任公司在改造明清酒窖池群展示空间过程中，发现离明清酒窖池 15 米距离处，有早期酿酒遗迹及遗物。在报请省文物行政管理部门后，经安徽省文物考古研究所组织专业人员开展抢救性清理发掘，并经省文物局组织专家鉴定，明确此为一处典型明清酿酒遗址。遗址面积为76平方米。由上至下，文化层堆积达六层。在第五、六层出土瓷碗、瓷碟、瓷盘、小口罐等器物为明中期器物；在第三、四层出土的青花瓷碗、瓷盘、瓷碟等器物有明晚期特征；第二层为晚清时代地层。自下而上，相关出土器物表明，在古井明清酒窖池群范围内，从宋代以来就有人类酿酒活动存在。特别是炉灶及下水道的出现，虽为清晚期器物，也表明造酒的延续。据此可推断，自明代有窖池酿酒以来，该区域一直存在酿酒活动。

明清酿酒遗址

宋代古井　共计1口，位于东经115°39′33.9″，北纬33°59′30.3″，海拔43米。在古井股份有限公司南厂区。此井是在1992年厂区基本建设中发现的。该年10月，亳州市博物馆对此地开展抢救性清理发掘。井口距地表4.8米，井口呈圆形，直径0.6米，井深4.2米，井水在井口0.5米以下。井为砖砌结构（砖长29厘米，宽14厘米，厚5厘米），井底大于井口，井壁为立砖平砌，平砌5层，再立砌1层，底盘两层砖平砌，井底无砖。经亳州市文物部门对砌井用砖及出土文物鉴定，系亳州首次发现的宋代古井。

魏井　共计1口，位于东经115°39′33.3″，北纬33°59′35.3″，海拔27米，在古井股份有限公司北厂区。此井系20世纪50年代末，安徽省酿酒代用品调查会议在亳召开期间，在古井贡酒厂区基本建设中发现的。经省文物部门对出土文物鉴定，属明代古井（古井人相传称魏井）。此井为砖砌井，井口直径0.6米，井深27米，井身下部大于井口，井水清冽干爽，经测量，含有丰富矿物质。

古井酿酒作坊土壤样品鉴定。土壤样品特征共五份土样：古井博物馆手工酿造车间距地面1.6米、2米、3.45米、4.6米处和古井博物馆窖池。

古井贡酒酿造遗址是苏鲁豫皖地区浓香型技艺流派的典型实物代表。这些文物保存现状良好，从明代沿用至今，具有较高的历史、科学和社会价值。

历史价值 在明清窖池群边出土“正德十年（1515年）”字样界砖表明古井贡酒明清窖池群始建于明正德年间，距今已有494年历史，且发挥积极作用。其建窖格局、传统工艺得到全面保存与继承。明万历元年，祖籍减家店的沈鲤曾任阁老，在明神宗庆典上，将“减酒”进贡朝廷，“减酒”因此名动京师。《中国名酒志》第31页记载，“古井贡酒系古井泉水酿造。自明万历年间起，在明清两代均为进献皇朝之贡品，故得贡酒之名。”清代，减酒极盛，“公兴槽坊”所产减酒远销苏、豫、皖、鄂等地区，被誉为“怀家一枝花”，更有民谚“胡芹减酒宴贵宾”之说。可见“贡酒”声誉之高。而此皆以古井贡酒酿造遗址为基础而酿造，它是苏鲁豫皖地区传统酿酒工艺典型代表，具有极高的历史研究价值。

1958年、1992年、1994年以及2009年，在古井贡酒酿造遗址的明清窖池群范围内陆续发现宋至清的酿酒及生活用品遗存以及炉灶、排水沟、水井等酿酒文化遗址。这些文物调查及清理发掘工作成果表明，古井贡酒酿造遗址是中国老八大贡酒——古井贡酒产生、形成与发展的重要实物见证。

科学价值 古井贡酒酿造遗址自明正德年间开始建窖酿酒，已成为古井集团不可或缺的珍贵财富与遗产。经科学测定，明清酒窖池中的有益微生物多达400余种，已形成庞大微生物体系，它们互相依靠，互为补充，并已驯化成独立生态系统。由于这些微生物大量聚集，持续发挥良好酿酒作用，使得古井贡酒酿造遗址成为传统酿酒工程中的重要实验室，因此具有极高的食品发酵科研价值。

古井贡酒酿造遗址是一处较全面展现传统酿酒工艺流程的手工业设施遗址。她集明清酿酒窖池遗址、酿酒用水遗迹——宋、明古井、晾堂等酿酒设施于一体，布局合理，设施配套，工艺独特。特别是开放式的生产、发酵，与众多现代的生产酿造设施、设备今昔对比，她是展示中国酿酒工艺传统工艺流程的生动科研课堂。

古井贡酒酿造遗址开展的四次文物调查情况初步揭示了亳州地区传统手工酿酒的基因密码。尤其是她反映了传统酿酒技艺中各个要素间的关系以及亳州地区物候变化特征，如地下水变化、泥窖池坚持小型建窖等内容，对于深入研究淮河流域白酒酿造体系和古代经济发展而言，具有重要的科研价值。

社会价值　古井贡酒酿造遗址为古井贡酒的发展积淀了深厚的文化底蕴，古井贡酒因此成为驰名中外的中国名酒品牌，并为推动地方经济社会的发展发挥了重要的引领作用。作为中国老八大名酒之一的“古井贡酒”，自 1963 年在全国第二届白酒评比会上跻身全国八大名酒之列，连续四届蝉联国家金奖，评酒专家评语为“颜色清澈如水晶，香醇如幽兰，入口甘美醇和，回味经久不息”，古井贡酒因此名噪海内外。1988 年，在法国巴黎第十三届国际食品博览会上荣获“金夏尔奖”，这是本届唯一获奖的中国名酒。1992 年，古井贡酒荣获美国“首届葡萄酒白酒国际博览会金奖”等国际殊荣。1999 年，“古井贡”商标被国家工商总局认定为“中国驰名商标”。2003 年，国家质检总局宣布对古井贡酒实施原产地域产品保护。2005 年，古井贡酒成为国家地理标志产品。2007 年，古井集团与中国食品工业协会成立“中国淡雅香型白酒研究院”。2008 年，古井酒文化博览园被国家旅游局评为国家 AAAA 级旅游景区，成为永久性古代酒文化研究与参观的遗址景观园区。

古井酒文化博物馆

党和国家领导人多次到古井集团检查指导工作。启功、罗哲文、孙轶清、秦含章、周恒刚等学者、专家也关心古井的文化建设。据中国权威机构认证，“古井”品牌价值已达 208. 99 亿元。安徽古井贡酒集团作为国家大型企业，是中国第一家上市酒类企业，是亳州乃至安徽省最为重要的名酒企业，是亳州地区重要经济支柱。古井集团因古井贡酒酿造遗址旺盛的文化生命而充满生机。古井集团通过合理地利用好古井贡酒酿造遗址的遗产价值，正创造出巨大的经济和社会效益。

那么以往，古井是如何对这些遗址进行保护的呢？今后又将如何进一步加强对遗址的保护工作呢？

亳州市人民政府和古井贡酒集团历来十分重视对历史文化遗产的继承和保护，文物保护观念较强。具体表现在：

一是提升保护级别。作为古井酒文化的集中代表——百年窖池、魏井，经市政府推荐，1998 年被安徽省人民政府批准公布为省级文物保护单位；2003 年 4 月，国家质量监督检验检疫总局正式批准“古井贡酒”为原产地域产品，并从即日起对其实施原产地域产品保护；2008 年，古井贡酒传统酿制技艺被省政府列入“安徽省非物质文化遗产”名录。2009 年，亳州市政府与古井贡酒集团积极申报国家级物质与非物质文化遗产的保护工作。

二是推进科学研究。以技术中心、企业文化管理中心和集团文化博物馆等为科研核心力量，积极开展相关基础科学和文化研究，助推文物保护工作。如查枢屏的《古井贡酒微量元素分析》《古井色谱表》《勾兑与储存技术规范》等，是对企业发展具有重要价值的自主研究成果；与省考古研究院合作，对古井酿酒遗址进行考古发掘，取得了大量重要成果，如对明清酿酒遗址的发现与研讨会的组织开展；同时，利用电视、网络、报纸等为平台，记录、整理发掘古井历史资源，提高文物保护意识和利用水平。

三是制定保护规划。为进一步保护文物主体，发挥文物的公益展示作用，古井集团以《文物保护法》为依据，将现有酒类文物保护争取纳入《亳州历史文化名城保护规划》。此外，还积极开展相关保护工作。如对两口古井的维护，共计开展了三次工程，累计经费达 80 余万元。与此同时，还积极开展与古井发展历程相关的文献和文物征集活动，现已征集到各类传统手工工具、照片、文献达 1200 余件，累计经费达 46 万元，并于 2008 年 7 月与亳州市文物部门合作，筹划编织古井贡酒文化遗产本体保护规划，确保文物保护工作的有序进行。

四是完善基础设施。古井集团每年投入大量资金用于老窖池群专项维护经费和科研工作，并且保持 20% 的逐年增长费用。历年来，通过古井集团自筹基金，先后开展若干次保护维修工程。如 1996 年，古井投资 3000 万元兴建了一座污水处理站，日处理污水一万两千吨，有效地防止了当地水污染和环境污染，确保水质能够满足酿造古井贡酒产品质量需要；1991 年至 1995 年，投入资金 1800 万元用于兴建和维修古井亭、古井园、古井贡酒酿酒园区、古井酒文化博览馆、古井酒文化博览园；申报省级重点文物保护单位投入资金 120 万元；申报古井贡酒“中国驰名商标”投入资金 10 万元；申报古井贡酒原产地保护投入资金 20 万元，申报古井贡酒国家标准投入资金 15 万元；1994 年，为引进 ISO9000 标准管理体系和搜集整理古井贡酒传统酿造工艺，共投入资金 120 万元。

今后，古井集团将根据《中华人民共和国文物保护法》《亳州历史文化名城保护规划》等文件，进一步做好古井贡酒酿造遗址的保护工作：

（一）强化文物主体保护

1. 实施静态保护

主要包括：

（1）进一步开展与古井贡酒酿造遗址相关的古代酒作坊、酒库、古井、窖池、酒铺的调查研究，摸清古井贡酒传统酒文化的发展脉络。

（2）将所有普查研究资料归类、整理、建档、保存。

（3）根据史料提供烧酒生产区域，到实地开展收集烧酒史料工作。

2. 实施动态保护

主要包括：

（1）在古井酒文化博览园进一步完善传统白酒酿造技艺展示。

（2）古井酒文化博览园进一步加强民间民俗传统酿酒器具、口碑传说及酿造技艺的征集工作。

（3）以商汤、老子、曹操、陈抟、华佗、花木兰等名人故里、“药都”为主题，结合古井贡酒酿造遗址底蕴为主线，打造“酒功（能）”“酒德”“酒道”的古井酒文化探源之旅。

古　井

（4）设立一年一度的“亳州白酒文化节”，参观古井贡酒烧酒传统酿造工艺过程。

（二）开展文化遗产研究

1. 在古井贡酒集团设立酒文化发展专项资金，积极争取政府部门支持，协调兄弟单位，强化古井贡酒酿造遗址挖掘的、宣传、包装及打造工作

2. 强化古井贡酒文化的研究、宣传及教育工作

（1）围绕“古井贡酒酿造遗址”，鼓励社会及名人对古井酒文化资源进行系统研究。

（2）强化古井文化资源研究，如徽商文化、名人文化、饮食文化的研究，打造一批与古井贡酒有关的文化产品。

（3）将古井酒文化带进亳州大中小学的课堂、社科论坛讲座、媒体，引导市民了解、认识、热爱古井酒文化，引导大众进行健康、科学、时尚的酒文化消费。

（三）搭建遗产保护体系

1. 以“古井贡酒酿造遗址”申遗为契机，争取市政府支持，将亳州珍稀窖池资源保护起来，逐步建立从市到国家级的酒类文物保护体系。

2. 亳州市政府牵头邀请国内酒窖遗址考古专家、中国白酒协会专家，举行两次高规格白酒遗址研讨会，把有关国内白酒酿酒遗址研究成果编录成集，使传统烧酒酿造技艺理论得以保留珍贵的资料。继续加大传统酿酒技艺继承与研究工作，力争通过“国保”平台，统一全市认识，为提高古井酒业文化核心竞争力，提供强大的软实力支撑。

（四）制定遗产保护目标

科学制定《古井贡酒酿造遗址保护规划》及《整治修缮规划》，真实、完整地保存古井贡酒酿造遗址的历史信息，充分展示其文化价值及内涵，实现遗产保护与地方经济和谐可持续发展。

进一步收集古井贡酒酿造遗址资料，建立古井贡酒传承人档案库，研究和出版古井贡酒酿造遗址书刊。同时收集和保护好与古井贡酒酿造遗址有关的生产工具、器具、出土文物。

进一步完善古井贡酒酿造遗址防渗水、防风化、砖土体构筑物加固、防污染等保护工程；整治危害古井贡酒酿造遗址环境和历史风貌的建筑物和构筑物。

（五）打造遗产演示品牌

以 AAAA 级旅游景区建设为切入点，围绕古井贡酒酿造遗址，加大经费

和人力投入，提升古井博览园解说人员文化遗产管理素质，打造国家级酿酒文化遗产永久性景观，向广大群众宣传爱护环境、保护遗产、构建亳州“和谐精神家园”的思想理念，进一步扩大更广阔的传统文化展示空间，逐步建立起企业支撑、政府支持、全社会参与的文化遗产保护工作管理体系。

古井贡酒作为中华民族珍贵的文化遗产，以魏井、唐代酿酒作坊遗址、宋井、明清酿酒遗址、明代窖池群、九酝酒法、古井酒文化博物馆为重点的物质传承和以贡献美酒的精神传承，共同成为全人类的财富，古井贡酒文化的传承是古井人所肩负的一项神圣的使命。因此，古井集团将一如既往地全方位做好对酿酒遗址的保护工作。

第三，古井企业不断发展创新

1959 年 4 月，一个春光明媚的早晨，随着一串鞭炮的爆炸声，国营亳县古井酒厂诞生了。飘香千年的贡酒从此获得了新生。

建厂时的“古井酒厂”

20 世纪 60 年代，三年自然灾害席卷全国，安徽更是重灾区。老厂长聂广荣把造酒的粮食看得紧紧的，但却把酒糟、酒糠分给当地老百姓吃，救活了不少人。

在以老厂长聂广荣为代表的第一代古井人在仅有十多间民房、一匹马、一个车间、一口锅甑、七条发酵池的简陋条件下，通过发掘利用百年古窖池，搜寻整理并科学实施九酝春酒的酿造古法，用顽强拼搏的精神熬过了三年困难时期，酿造了优质的古井贡酒，走上了第一次艰苦的创业征程。在“擦擦

古井贡酒老厂长聂广荣

汗，拨拨灯，超额任务上北京”精神的鼓舞下，1963 年，古井贡酒在全国第二届评酒会上，就以“色清如水晶、香醇似幽兰、入口甘美醇和、回味经久不息”的独特风格，名列中国八大名酒第二名，一时间业内为之侧目，赢得了发展的第一块金字招牌。随后，在 1979 年、1984 年、1989 年全国评酒会上古井贡酒蝉联中国名酒金榜，成为“四连冠”响当当的中国名酒，被世人誉为“酒中牡丹”，并在酒类商品中，首批获得人民大会堂的专供品荣誉，走进了国宴。

在古井酒文化博物馆二楼酒迹厅，那些当年用过的石碾、蒸馏器，还有老厂长用过的办公桌、电话机、水桶，都在向游客讲述着那一段艰难的激情岁月。

在计划经济向市场经济的转型中，第二代古井人在老一辈创业成功的基础上，主动求变，不断革新，最终完成了品牌延伸、企业集团化经营的发展格局，确立了古井在中国经济舞台上的基本地位。1989 年，面对市场困境，古井以变应变，变中求活，通过著名的“黄山会议”，连续使出“降度降价”“负债经营”“保值销售”的策略，此番创举使古井率先走出了中国名白酒销售的误区，在全国白酒行业中率先冲出了低谷，实现了从计划经济向市场经济的嬗变，引发了白酒界的一场经营革命。同年古井首次跻身于全国 500 家最大工业企业行列。1990 年，公司正式确立“科技立厂，多角开发，复合经营，综合发展”的方针，拉开了对外投资开发的序幕。1994 年，古井通过中国方圆产品质量认证，并于 5 年后通过 ISO9002 质量体系认证。同年，国家经贸委向全国企业下发了推广古井“两场效应”的文件。1995 年初，古井集团正式挂牌运营，并导入 CIS 系统。同年，高速发展中的古井总结出了前进中的“五大失误”。翌年，在全公司范围内开展了声势浩大的“强化自身，做合格古井人”大学习大讨论活动。1996 年，安徽省第一支 B 股、白酒业第一支 A 股——古井贡 B 股、A 股在深圳证交所先后上市，“古井贡酒”成为中国白酒业第一家公开的上市公司。古井酒厂也相应改制为“安徽古井贡酒股份有限公司”。1996 年，古井成功实现了合肥古井酒店的委托经营；同年斥资购并，相继成立了萧县双喜葡萄酒公司和阜阳雪地啤酒公司。1999 年，“古井贡”品牌被国家工商总局认定为“中国驰名商标”。

20 世纪 60 年代古井酒厂大门，右二为聂广荣

进入 21 世纪，古井迫切需要变革创新。

2001 年，古井开始了第三次创业，进行了机构、人员、薪酬、考核与营销战略调整。这五项改革，为公司今后的发展构筑了框架，搭起了舞台，理顺了程序。2003 年，古井产业整合迈出新步伐，通过成立企业担保公司、典当公司及着手筹建安徽古井投资管理公司等，初步构建了古井金融业平台，加快了古井资本运作的步伐。2005 年，古井贡酒股份公司斥巨资上马了小麦深加工项目，进一步整合原古井酒精分公司、亳州开味得植物油有限公司、古井高蛋白饲料厂，成立了安徽瑞福祥食品有限公司，15 万吨小麦深加工项目投产运营。2006 年，集团各子公司发展态势较好，酒店集团荣膺“2006 中国饭店业民族品牌 20 强”。古井九方制药公司成功研制出代表国家中成药最高水平的二类新药——葛酮通络胶囊，取得了新药证书和生产批件。股份公司股权分置改革圆满完成。

2007 年 4 月，在亳州市委、市政府的领导下，古井集团新的经营团队迅速成立。新一届领导班子审时度势，及时提出了“回归与振兴”战略，计划通过三到五年的奋斗，使古井回归白酒主业、回归高端品牌、重回中国白酒的第一阵营，努力成为中国最好的白酒企业。

2008 年 10 月份，国家旅游局正式批准古井酒文化博览园为国家 4A 级工业旅游风景区，这也是中国白酒业第一家 4A 级旅游风景区。古井酒文化博物馆成为安徽省十大行业馆之首，也是亳州市首屈一指的博物馆，相继被评为“全国精神文明建设先进单位”、国家首批“全国工业旅游示范点”和“全市爱国主义教育基地”等，已经成为亳州市、安徽省乃至全国旅游文化中的一个重要组成部分和独具文化特色的一个亮丽景点。

2009 年，古井终于走出了持续近十年的低谷，在 2009 年中国 500 强最具品牌价值排行榜中，古井贡以 46.6 亿元位居第 175 位，并获选“与共和国 60 年共成长 · 影响世界的民族品牌”“安徽省代表性品牌”等称号。传统酿造工艺与现代科技凝结而成的古井贡酒，以其“色清如水晶，香醇似幽兰”被誉为“酒中牡丹”，香飘五大洲，饮誉海内外。

2010 年 5 月，时任古井集团党委书记、董事长余林在该公司工作会议上，正式提出要实现“古井跨越式发展”的战略方针。他带领古井继续发扬“色清如水晶、香醇似幽兰”的独特品质，大力发掘品牌所蕴含的文化内涵，着力打造“酒中牡丹”“中华第一贡”的品牌形象。他从政到商，在接掌古井“帅印”之后，制定了“在企业管理内功上要夯实基础，要永远崇尚质量第一”的管理方针，改变了单纯依靠人海战术的市场战略，刻意进行更多模式、销售方法以及渠道上的创新。

古井集团现任党委书记、董事长梁金辉在新形势下提出了战略 5.0 理念。我国的白酒生产工厂和消费者之间经过了几个时代。最初是“1.0 时代”，即工厂生产出来的产品如白酒都交给专卖公司，由专卖公司再转卖到市场上，卖给消费者，工厂本身没有销售机构；从计划经济到市场经济初期，改革开放之初进入“2.0 时代”，即公司设立了专门的销售机构，如销售部、销售公司等，由这些机构卖到市场上；市场经济时期进入“3.0 时代”，出现了省级总代理，总代理下面再分一级商、二级商等；今天，整个白酒行业正处在“4.0 时代”，是直销加分销模式，有的是厂家直控的、有的是分销，也有区域分层的产品代理。梁金辉提出白酒5.0时代，围绕核心消费者进行体验营销，即“围绕营销5.0，打造管理五星级”的战略：包括打造“思想上的五星级”，要继续贯彻新的价值观和理念，活学活用，落地到工作当中；打造“行动上的五星级”，要快速行动，提高执行力；打造“管理上的五星级”，要在营销、质量、财务、人力、组织架构、绩效考核等方面集思广益、全面创新；打造“服务上的五星级”，要积极践行“三个人人”即“人人是古井品牌、人人是古井形象、人人是古井榜样”，建立友好、亲善、感恩、学习型企业；打造“安全的五星级”，要在经济运营各方面做到安全稳定，在政治生态上从严从善要求自己，做好“三个人”即“政治上的明白人、事业上的老实人、生活上的朴素人”。

2015年古井贡酒年份原浆幸福版亮相，品质不变，瓶型不变，品牌格调不变，只是对瓶子的颜色进行调整，但是就是这样的微调，却给省外市场的运作，老市场、新市场的协调管控创造了新的想象空间。

2016年，古井集团提出“智能制造　绿色酿造”，不断提高公司自动化、信息化水平，让美酒在绿色、安全、优美的环境中慢慢发酵成熟。古井贡酒将绿色健康理念贯彻落实到酿造的每个环节，选好粮、酿好酒、藏好酒、调好酒、装好酒，保证每一瓶古井贡酒的生产符合国家质量标准。

2017年，在“华樽杯”中国酒类品牌价值评议活动中，“古井贡”以638.50亿元的品牌价值位列安徽省酒企第一名，中国白酒第五名。

古井贡酒先后开启两次中国酒文化全球巡礼、三次携手世博会、三年成功邀约央视春节联欢晚会，从登陆美国纽约时代广场开启中国白酒第一拍，亮相联合国总部，到走进法国波尔多酒庄、促成世界两大烈性酒产地中国亳州与法国干邑缔结友好城市，到首届中丹合作大会的出彩，古井贡酒以中国白酒国际化先行者的身份，向世界展示了中国白酒文化的灿烂和辉煌。

第四节　奋进——城市之气质

奋进，奋勇前进。和奋进意思相似的词语有很多，使用频率最高的是奋斗，还有奋激、奋发、奋勇、奋力，以及奋然、奋起、奋勉。好像和“奋”相连的词语都会给人一种站起来、跑起来、跳起来的力量和冲动。奋勇前进，奋发向上是一种精神，是一种品格，是一种气质。运动场上想要完成1000米赛跑需要奋进；课堂上想要答对老师提出的问题需要奋进；教学中期待获得学生的喜爱需要奋进；科研中想要拿下一个项目需要奋进；生意场上打算突破上一年的营业额需要奋进；恋爱中期望爱情长久保鲜需要奋进；生活中想要减掉10斤的赘肉同样需要奋进……奋进的人生最美丽，奋进的生活最值得，奋进的城市最有魅力。奋进的气质蕴含在厚德的精神之中，亳州因此而好事纷至沓来，好人层出不穷；奋进的气质饱含在务实的精神之中，亳州因此而负重前行，勇攀高峰；奋进的气质隐藏在创新的精神之中，亳州因此而跳跃式发展，旧貌换新颜。

2017年6月以来，为了迎接党的十九大召开，从中央到地方都在热火朝天地开展“砥砺奋进的五年”宣传活动。“砥砺奋进”一词也因此获得了“2017十大流行语”殊荣。“砥砺奋进”准确地概括了我国从党的十八大到十九大期间五年的成就，生动地勾勒了中华儿女自强不息的形象，精准地描绘了中华民族顽强拼搏的精神。五年来，亳州一步一个脚印，一年一大台阶。五年砥砺奋进，五年跨越发展，五年力争上游，呈上漂亮答卷。亳州，地处苏、鲁、豫、皖四省结合部，汤汤涡水绵延环绕，这里有闻名世界的道教鼻祖老子，也有千年神医华佗；这里有喜闻乐见的民间艺术二夹弦，也有历史悠久的养生健身操五禽戏。这五年是亳州经济持续健康较快发展、综合实力快速增长的五年；这五年是城乡面貌焕然一新、社会创造力急剧激发的五年；这五年是创新驱动战略加快施行、产业竞争力稳步提高的五年；这五年是基础设施建设不断推进、发展支撑力跨越增长的五年；这五年是生态保护不断加强、绿色发展行动力稳步提高的五年；这五年是社会事业全面进步、民生保障力稳步提高的五年；辉煌的成就鼓舞人心，美好的前景催人奋进。

一、亳州文化旅游日新月异

这五年，南京巷钱庄、曹操地下运兵道纷纷升格为4A级景区。

南京巷钱庄：位于亳州市北关南京巷19号，始建于清朝道光年间（1825年），是以货币为经营对象的民间金融机构旧址，占地1300平方米。南京巷钱庄是国内保存最完好的古钱庄建筑。

它的建筑设计非常巧妙，别具一格，用意深刻。整体建筑是一座三进四合院，共有三道院子八道门，取“八方来财”之意。这八道门是前门大后门小，越往后越小，成倒斗状，寓意“日进斗金”。一条引水渠，寓意“财源广进似流水”。天井院式的建筑，是典型的徽派商铺式风格。下雨的时候雨水从

南京巷钱庄

四边的房檐上流下，比喻四季来财，肥水不流外人田。掌柜房的摆设也很有讲究，厅台上有四个瓶子，一个镜子，寓意“平平静静、四平八稳”。南京巷钱庄共有前厅、中厅、三厅、信房、账房、掌柜房、金库、财神堂等 30 多间，信房管人事、中厅用来接待、账房负责银钱出纳，机构一应俱全，分工明确。建筑对防盗的要求非常高。钱庄的大门上包裹了铁皮，钉上铆钉，两边有错落的门槽，大门关上以后，门缝连刀片都插不进来；屋顶上方有铁丝网，网上有铃铛，如若有人从上面爬过，碰到铁丝，丝上的铃铛就会发出响声报警；墙体是中空的，里面装有沙子，如果有小偷打洞偷盗的话，沙子会自行流下把洞口堵住。除了防盗之外，墙体还可以防火，如果有火灾发生时，把墙砸开沙子流下来就可灭火；还能防潮，没有沙子，钱放在屋里容易生锈，而沙子可以吸潮。1998 年 5 月，南京巷钱庄被安徽省人民政府公布为全省重点文物保护单位。2013 年 3 月，被国务院公布为全国重点文物保护单位。2016 年 2 月，亳州市南京巷钱庄景区被评为国家 AAAA 级旅游景区。2017 年 1 月，南京巷钱庄作为亳州古城文化旅游区的重要组成部分申报国家 AAAAA 级景区。

曹操地下运兵道：曹操运兵道又称曹操藏兵道，位于安徽省亳州市老城内主要街道下面，以大隅首为中心，向四面延伸分别通达城外，由青砖筑成，总长度8000多米，始建于东汉末年，是中国现存最古老、保存最完整的地下大型军事设施。

曹操地下运兵道

曹操运兵道包括谯望楼和古地道两个部分。整个地道经纬交织，纵横交错；布局奥妙，变化多端；立体分布，结构复杂；规模宏伟，工程浩大。已发现8000余米，它远远超过地面上保留的一座完整古老城池的价值，被誉为“地下长城”。古地道有单行道、平行双道、上下两层道、立体交叉道四种形式。单行道是运送士兵的主要通道，道高一般在1.7米至2.1米之间，道宽0.6米至0.9米。每隔一段距离，道壁上端留有方形或竖长方形的龛洞，供放置油灯使用。道顶上方留有直通地面的通气孔，这种通气孔，在紧急情况下，也可以作为临时出入口使用。平行双道是指相距3米左右的两条单行道，朝同一方向延伸，两道可同时使用，为方便两道互相联系，传递信息，在相靠近的道壁上留有方形传话孔，使两地道相互通连，使用方便，传音效果好。上下两层道是指用砖把地道隔成上下两层互相叠压的地道，一般上层地道较矮。上述四种形式的地道，纵横交错，互相通连。2001年6月，曹操运兵道被列为第五批全国重点文物保护单位。2016年2月，曹操地下运兵道景区被评为国家AAAA级旅游景区。2017年1月，曹操地下运兵道作为亳州古城文化旅游区的重要组成部分申报国家AAAAA级景区。

这五年，花戏楼景区复建跂鹤园，重建咸宁寺；复建曹操地下运兵道景区谯望楼。

跂鹤园：在花戏楼景区的后花园有一个名叫“跂鹤园”的园林。取名“跂鹤园”不仅有美好的寓意，而且还是有历史典故的。据记载，亳州古时共有 27 个园林，其中一个园林就叫跂鹤园，位于亳州北关，而花戏楼扩容工程则与原跂鹤园史料记载的位置大致相同。“跂鹤”意为单脚站立的仙鹤，寓意为仙鹤降临为人们带来长寿吉祥的美好祝福。经过一年多的施工建设，花戏楼景区扩容提升一期工程跂鹤园于 2015 年 9 月向游客开放。走进花戏楼后花园——跂鹤园，首先映入眼帘的就是写有中原宝藏字样的照壁。走在园内，随处可见朱红色的长廊、青灰色的仿古砖瓦、绘有精美壁画的亭台，以及假山、垂柳、流水等美景。2015 年 12 月，跂鹤园内又“飞”来了五只仙鹤，更加赋予“仙鹤驾临，带来福寿平安”的美好寓意。

跂鹤园

咸宁寺：坐落在安徽省亳州市的花戏楼景区的东侧、咸宁街北侧，始建于清朝乾隆年间，占地面积 1200 平方米，建筑面积 700 平方米。分为山门、大殿、正殿和东西厢房，是三进式院落。咸是“都”的意思，宁是“安宁”的意思，所以两个字合起来就是寓意“天下安宁”。这里不仅供奉着弥勒佛、观世音等菩萨，另外还结合药都特色，供奉着药师佛。2012 年 8 月，在花戏楼景区二期改造工程中咸宁寺遗址被重新发现；2014 年咸宁寺恢复重建工程全面开工；2016 年 5 月 1 日，免费对外正式开放。

咸宁寺

谯望楼：据史料记载，东汉末年曹操兴建谯望楼，高八仞（相当于现在的20多米高），主要功能用以军事瞭望以及宴请宾客、吟诗作赋等。后来，谯望楼在岁月的流沙河中不见踪影。2015年9月，亳州市在原谯望楼遗址附近的运兵道出口开始建设谯望楼。今日的谯望楼是一座仿汉主体建筑，地下一层，地上六层，地上六层分别为建安文学馆、序厅、书画厅、服饰厅、乐府厅、赋诗厅。地下一层为地下长城军事奇迹展厅，经过这一层，来到“穿越时空隧道”，就可以进入曹操地下运兵道了。其精致的设计和厚重的文化内涵受到旅游者的青睐。

谯望楼夜景

这五年，林拥城肆意染绿了亳州，成长为亳州城的绿肺；亳芍花开，亳菊飘香，盛开在亳药花海休闲观光大世界。

林拥城：位于亳州城市规划区外环线外侧，全长约 40.4 公里，总占地面积约 2 万亩，包括南外环、西外环和北外环，主要建设内容为园林绿化、中药材种植、园区道路、景观游乐设施及配套服务设施等。目前，整个项目已完成绿化面积约 1 万亩，完成苗木栽植 40 万棵，是一座“天然氧吧”。作为林拥城项目中面积最大、苗木数量最多的苗圃，南外环苗圃位于亳芜大道西南侧，占地面积约 6700 亩，投资约 5.8 亿元，以生态造林为主，并逐步营建观赏性景观设施与市民休闲娱乐设施。凭借未来 30 多万棵苗木的栽种规模，这里将成为皖北最大的植物园。2017 的亳州文化旅游年活动，南外环苗圃承担了集体婚礼、啤酒音乐帐篷节、马术表演、夏令营等多项活动任务，2018 年的亳州文化旅游年，林拥城景区将为游客提供更加多样的体验式旅游项目。

林拥城

亳芍花海休闲观光大世界：亳药花海休闲观光大世界项目是 2017 亳州文化旅游年的重头项目，项目位于古井大道以西、枣钱路以东、311 国道以南、百梅路以北，紧邻亳州林拥城景观带，分布在谯城主城区西侧的十八里镇和十河镇。项目前期计划投入资金 10 亿元，占地约 13.2 万亩。亳芍花海休闲观光大世界项目以亳州特色中医药种植为基础，依托现代农业示范区 GAP 产业种植基地万亩芍药园、千亩牡丹园、齐庄生态园、黄连古木、陈抟文化产业园，以花海特色休闲游为主线、以乡村文化体验为依托、以历史文化为点睛、以亳芍为主打、以1000亩精品百花园为核心，打造独具特色的以养生花海和农家体验于一体的现代化农业休闲旅游示范基地。

亳芍花海休闲观光大世界

这五年，涡河的画舫，游遍亳州的烟雨；尚汤温泉，续写着亳州的健康养生。

涡河水上游开发项目：在涡河流经市区16公里地段，将郑店子作为涡河水上游龙头，建设码头停靠基地、温泉度假村等项目，以大寺闸作为凤尾，

涡河画舫

建设大寺生态旅游集聚区。以商汤文化园为节点，分城区段和大寺生态旅游段两段分步实施，计划用时三至五年，建成一条集水上娱乐、历史文化游览、乡村生态旅游等项目为一体，涵盖亳州记忆、火树银花、魏武故里、堤岸三花等诸多景观节点的“三十里画廊”。涡河历来是豫、皖间水运要道。亳州正在努力把涡河两岸建成经济密集带、城镇密集带、文化旅游带和生态建设示范带。

尚汤温泉：涡河暨古城旅游区保护与利用大项目中的龙头项目，是利用锶温泉独特的理疗价值，结合亳州中医药养生文化特色，打造的休闲养生旅游项目。尚汤温泉共有室外温泉泡池 43 个、室内温泉泡池 6 个，其中包括树屋 3 座、温泉汤院 9 座，泡池结合亳州养生中药资源设有花草美容区、中药养生区、森林浴、天体温泉、石板浴、儿童嬉水区等项目。配套有 1200 个更衣柜、可容纳 300 多人的休息大厅、自助餐、spa、鱼疗、健身等项目，设计日最大接待量可达 1000 人。

尚汤温泉

这五年，城市展览馆拔地而起；南湖灯光水舞秀横空出世。

城市展览馆：亳州市展览馆项目位于南部新区，希夷大道以西，仙翁路以东，牡丹路以南，占地面积 45 亩，建筑面积约 3. 1 万平方米，地上建筑面积 2. 07 万平方米，展馆布展面积为 1. 84 万平方米。这座外形如同流水一样的建筑，同一路之隔的市政公园融合在一起，成为一道亮丽的风景。展馆北楼为亳州城市规划和文化旅游展区，南楼为药业、酒业、农业展区。展馆以

LED 屏幕、4D 时光飞船、数字沙盘等高科技设备，用数字、图片、雕塑等方式展现亳州昨日、今日和明日的辉煌！城市展览馆于 2017 年国庆节正式对外开放。

亳州城市展览馆

南湖灯光水舞秀：一如天鹅湖之于合肥，南湖公园对于亳州来说就是一张天然的名片。2017 年 9 月 9 日，南湖灯光水舞秀在南湖宽阔的水面横空出

南湖灯光水舞秀

世。绚丽多彩的灯光水舞秀为南湖公元增加了几多姿色。灯光水舞工程位于公园的中心区域，水体范围约长 180 米，宽 40 米，垂直喷泉高度 60 米以上，水域面积 178000 平方米。表演区有 12 种水形组成，有圆形、弧形、椭圆、矩阵等多种组合。水势高低错落，水形刚柔并济，光色变幻万千，水幕与喷泉的完美联动，体现了律动之美。时而似飞奔疾驰的骏马，铿锵有力；时而如亭亭玉立的少女，娇羞而又温柔。尤其是充满了亳州特色，庄周梦蝶亦真亦幻，魏武帝曹操横槊赋诗，五禽戏刚柔并济……南湖公园灯光水舞工程主要以喷泉、灯光、水幕电影、音频系统、雾森系统为主要载体，以亳州地域文化特色为依托，通过“序篇”“古韵亳州”“养生亳州”“美丽亳州”“醉美亳州”“幸福亳州”等六个篇章，把古典亳州悠久的历史文化、现代亳州跨越崛起的律动之美阐释得淋漓尽致。

五年来，亳州的旅游业飞速发展，只有想不到，没有做不到，立足以道家文化、曹魏文化、中医药养生文化、长寿之乡、白酒文化、古都古城等亳文化为资源特色，以文化观光、养生度假、古镇休闲为核心产品的国家历史文化名城、全国著名的养生养老度假旅游目的地的城市定位，亳州正在连点成线、以线带面，加大力气多点发力做大“旅游蛋糕”，积极打造皖北区域旅游中心城市。相信下一个五年，亳州的文化旅游事业将在所有亳州人的共同努力下越来越好！

二、亳州教育事业节节高

城市要发展，教育必先发展，城市要升级，教育必先升级。城市前进，教育先行。亳州市五年来的教育改革发展用“亳州速度”来形容一点都不为过。十八大以来，亳州市深谙“抓教育就是抓政治、抓教育就是抓民生、抓教育就是抓发展”之道，加大教育事业投资，加快教育事业发展步伐，各县区党委政府从来没有像今天这样重视教育，社会各界从来没有像今天这样支持教育，人民群众也从来没有像今天这样关心教育。五年来，填补了地级市没有本科院校的空白；五年来，“两基”（基本实施九年义务教育和基本扫除青壮年文盲）工作受到国务院表彰，职业教育工作受到教育部、国家发展和改革委员会等六部委表彰，教育主要工作目标管理考核连续三年位居全省先进行列，全市实施的义保机制改革、乡镇公办幼儿园建设、学生资助等教育民生工程，年度考核排名连续四年居全省第一；五年来，涡阳县、蒙城县创建全国义务教育发展基本均衡县顺利通过国家验收，蒙城县荣获“安徽省教育强县”称号；五年来，亳州市在全国义务教育均衡发展优秀工作案例和全国中小学社会主义核心价值观教育优秀案例评选中金榜题名；五年来，亳州市国学经典进课堂教育活动在全国引起广泛关注，中央电视台连续推出对亳州教育的重磅系列报道。“善弈者谋势，善谋势者必成大事。谋势者，善于辨势、预势、造势、乘势、因势、借势、蓄势。”① 亳州教育事业发展势如破竹，振奋人心！

亳州南部新区之所以如此惊世地崛起，应该说教育是“头号功臣”。就在2010年，亳州师范高等专科学校（亳州学院的前身）、亳州幼儿师范学校、亳州市第一中学南校区、市委党校、第九中学五所学校的新校区共同举行竣工暨开学典礼。这五所学校涵盖了九年义务教育、高中阶段教育、高等教育和干部培训教育等，是亳州教育快速发展的一个缩影。五校同日举行开学典礼，在亳州教育发展史上具有里程碑意义，直接拉动了亳州市南部新区经济和社会事业的快速发展。在这五所学校落地开花之前，南部新区还是亳州市谯城区的一个良种实验示范场，成片的农田得不到投资商的青睐。而就在这五所学校的新校区建成之后，仅短短两年的时间，南部新区的地价高涨，吸引了越来越多的房产开发商和工业项目投资商。五所学校的总占地面积1680亩，两年内共投入八亿元建设资金，完成建筑面积34万平方米，建设和完成速度惊人，真可谓“亳州速度”。随后，全市的教育事业也都走进了风生水起、蓬勃发展的春天。在经济欠发达地区优先发展教育不仅需要胆识，更需要智慧。亳州市在南部新区优先发展教育，带来了超高的人气和上涨的地价，形成了教育、政治、经济、社会事业良性互动的发展格局。

亳州市唯一的一所普通高等本科院校——亳州学院拥有百余年的办学历史，已为地方培养了3万多名合格的基础教育师资和生产服务一线的高素质应用型人才，成为皖北一所极富发展潜力的本科高校。她的办学历史可追溯到1909年创办的蒙城师资讲习所，1952年建成蒙城师范学校，2002年独立升格为亳州师专，2011年，学校从蒙城县整体搬迁到亳州市南部新区，2016年3月独立升格为本科院校。亳州学院的发展日新月异，前景广阔，亳州学院的发展历史是一部励志史，催人奋进。学院坚持“地方性、应用型、特色化”办学定位，以教育学类、中药学类、食品科学与工程类、旅游管理类专

① 肖胜平：《善谋势者必成大事》，北京：中国纺织出版社，2008年版，第266页。

业为特色，构建了基础学科与应用学科交叉融合，教育学、工学、经济学、管理学、文学、艺术学多学科协调发展的学科专业体系，历年毕业生就业率基本保持在98%左右，师范类毕业生对口就业率达到70%左右，其中在亳州本地及周边市县就业率占40%左右，与亳州学院办学定位完全吻合。学校现开设34个专科专业，9个本科专业。有中央财政支持建设专业2个，省级特色专业10个、校级特色专业9个，省、校级综合改革试点专业6个，省级卓越人才教育培养计划3项。学校与39家在亳知名企业签订合作协议，在企业设立实习实训基地；设立“生物工程研究所”“旅游文化研究所”“中医药文化研究所”等8个研究所，推动校企合作、产教融合；成立了“亳文化研究中心”，设立“亳州市五禽戏研究基地”“亳州二夹弦研究中心”，大力开展亳文化研究；与韩国汉拿大学、又松大学、庆北高等专科学校建立了联合培养人才的合作关系，与新加坡人民行动党金日教育产业集团建立了人才对外输送的合作关系，开展国内外合作交流；与安徽师范大学、合肥学院、淮北师范大学建立了对口支援合作关系等。学校大力传承地方优秀传统文化，注重学生的人文素养和综合素质教育。积极打造亳文化特色品牌，推进优秀传统文化进校园、进课堂、进教材，投资800多万元建设亳文化馆。亳州学院正在厚积薄发，扬帆起航，朝着建成一所充满活力、特色鲜明的地方高水平应用型大学阔步迈进！

未来“十三五”时期，亳州市将加快教育现代化进程，推进教育领域综合改革，全面加强基础教育、职业教育、素质教育和终身教育，推进教育信息化发展，实现教育转型发展。预计到2020年，全面普及15年基础教育。

结　语

今年5月，地级亳州市迎来了18岁的生日。这座肩负着三朝古都、中国“四大药都”之首、中国长寿之乡、五禽戏之乡、中华武术之乡、世界中医药养生之都、世界道文化中心、全国双拥模范城市等诸多盛名的城市，历史上经历过沧桑，书写过辉煌，新时代跳出了迷茫，续写着华章。走在散发着新生气息的亳州大地上，随意捡起一块瓦片，仿佛都会向你讲述一段动人且难忘的历史。亳州这座城市的气质里隐藏着时间这条河流埋下的珍珠，也藏着珍珠释放的万丈光芒。亳文化孕育了亳州精神，津润了亳州气质，滋养了亳州魅力。

城市精神的发掘和塑造是漫长而复杂的，认同需要时间，包容需要时间，践行更是体现在生活的每一天。塑造城市精神仿若罗马之城的建造，并非一日之功，也非一时之感，更非一人之力，要往实里走、往深里走、往心里走，让人民群众的获得感、幸福感、安全感更加充实、更有保障、更可持续。城市精神建设重在坚持、难在坚持、成在坚持，必须在思想上更加重视、工作上更加用力、作风上更加务实，要像增强硬实力一样增强软实力，像建设城市高楼大厦一样建设精神大厦，像提高收入水平一样提高道德水平，像改善生态环境一样改善精神面貌。要文活武练、虚功实做，小事不嫌小、难事不畏难、好事能办好。

城市精神应该是昨天城市的背影，今天城市的形象，明天城市的格局。昨天的亳州给我们留下了厚德、务实、创新、奋进的不朽遗产，今天的亳州继续书写厚德、务实、创新、奋进的精彩华章，明天的亳州更将创造新时代的卓越辉煌。厚德、务实、创新、奋进是承接历史、照应现实、呼唤未来的响亮口号，释放了亳州城市的独特魅力。在中国特色社会主义进入新时代，深入践行五大发展理念，深度挖掘亳文化资源，大力弘扬优秀传统文化，培育和践行亳州城市精神，是你我不可推卸的历史责任。让我们齐心协力，共创美好未来，回馈亳州一份厚重的“成人礼”！

参考文献

[1] 老子．饶尚宽译注．中华书局，2006.
[2] 陈鼓应．庄子今注今译（上）．中华书局，2016.
[3] 陈鼓应．庄子今注今译（下）．中华书局，2016.
[4] 杨伯峻．孟子译注．中华书局，2010.
[5] 司马迁．史记．中华书局，2014.
[6] 诗经．王秀梅译注．中华书局，2015.
[7] 章学诚．文史通义校注．叶瑛校注．中华书局，2014.
[8] 章太炎．章太炎全集．上海人民出版社，2014.
[9] 墨子．方勇译注．中华书局，2015.
[10] 钟嵘．诗品集注．曹旭集注．上海古籍出版社，2011.
[11] 荀子．方勇等译注．中华书局，2011.
[12] 刘勰．文心雕龙．上海古籍出版社，2015.
[13] 尚书．王世舜，王翠叶译注．中华书局，2012.
[14] 杨伯峻．论语译注．中华书局，2015.
[15] 杨伯峻．春秋左传注．中华书局，1981.
[16] 章太炎全集．上海人民出版社，2014.
[17] 金开诚．诗经．中华书局，1980.
[18] 程俊英．诗经漫话．上海古籍出版社，1984.
[19] 亚里士多德．亚里士多德全集第八卷．苗力田译．中国人民大学出版社，1992.
[20] 约翰·密尔．功利主义．徐大建译．上海世纪出版集团，2008.
[21] 罗国杰，宋希仁．西方伦理思想史．中国人民大学出版社，1985 年．
[22] 文若愚．道德经．中国华侨出版社，2013.
[23] 中和．道德经解读．北京师范大学出版社，2010.

[24] 贝淡宁，艾维纳．城市的精神Ⅰ：全球化时代，城市何以安顿我们．吴万伟译．重庆出版社，2012.

[25] 贝淡宁，艾维纳．城市的精神Ⅱ．刘勇军译．重庆出版社，2017.

[26] 小川和佑．东京学．译林出版社，2002.

[27] 王正明，魏宏灿，张立驰．亳文化概论．合肥工业大学出版社，2012.

[28] 城市精神（上海每一天2008）．上海社会科学院出版社，2009.

[29] 忻平等．上海城市发展与市民精神．社会科学文献出版社，2013.

[30] 孙逊，陈恒．城市精神：一种生态世界观．上海三联书店，2016.

[31] 奚洁人等．世界城市精神文化论．学林出版社，2010.

[32] 中共重庆市委宣传部．城市航标——重庆城市精神探寻．西南师范大学出版社，2010.

[33] 梁金辉．亳州商业文明探源．合肥工业大学出版社，2016.

[34] 王丽君．城市景观艺术设计与精神生态．中国建筑工业出版社，2013.

[35] 王永志．基于场所精神理论的城市文化景观遗产保护研究．四川大学出版社，2015.

[36] 王京红．城市色彩：表述城市精神．中国建筑工业出版社，2013.

[37] 亳州市政协．亳州文史资料第五辑．1992年．

[38] 张学沛．中华养生旨要．山西科学技术出版社，2008.

[39] 郭沫若．历史人物．中国人民大学出版社，2005.

[40] 河北师范学院中文系．三曹资料汇编．中华书局，1980.

[41] 陈寿．三国志武帝纪．中华书局，2008.

[42] 三国志·魏书·华佗传

[43] 后汉书·华佗传

[44] 范文澜．中国通史简编．河北教育出版社，2000.

[45] 陈鼓应．老庄新论．上海古籍出版社，1992.

[46] 王先谦．诗三家义集疏．中华书局，1997.

[47] 朱熹．四书章句集注．中华书局，2003.

[48] 徐元诰．国语集解．中华书局，2002.

[49] 亳州市文联．亳州史话．社会科学文献出版社，2014.

[50] 中共亳州市委宣传部，亳州市文学艺术界联合会．人文亳州．安徽

人民出版社，2013.

[51] 肖胜平．善谋势者必成大事．中国纺织出版社，2008.

[52] 张建宇．企业创新实施的困境与突破．经济科学出版社，2016.

[53] 伊志宏等．中国企业创新能力研究．中国人民大学出版社，2008.

[54] 陈劲．企业创新生态系统论．科学出版社，2018.

[55] 中国日报社．中国：砥砺奋进的五年（英）．五洲传播出版社，2017.

后　记

2010 年，我进入亳州师范高等专科学校（亳州学院的前身）工作，同年底，搬到亳州市南部新区，学校的新校区，距今有七八年的光景了。这七八年间，我目睹了南部新区的强势崛起，亲身经历了南部新区的华美巨变，乃至亳州这座城市的破茧蝶变令我惊叹！工作在亳州，生活在亳州，总想用文字记录下亳州的美好。恰逢刚成功申报我校亳文化研究中心的一项课题，我感到机会来了！本书是院级项目“新时代地方文化与城市精神构建之研究——以亳州为例”（BKR2017Z02）的阶段性成果。今年，亳州迎来了她设立地级市以来的第 18 个生日，这本书就当作送给亳州的一份生日贺礼。

亳文化源远流长，博大精深，如同一个宝藏，年代久远，珍贵无比，资源丰富，值得深度挖掘和大力宣传。亳州城市精神不是无源之水，无根之木，她诞生于亳文化，得益于亳文化这块土壤的哺育和滋养。亳文化是盛开在亳州大地上的奇葩，而亳州城市精神则是这朵奇葩上的花蕊。作为一名高校老师和人文社会科学研究者，我感到有责任有义务将亳州优秀的传统文化发扬光大，创新性继承。“纸上得来终觉浅，绝知此事要躬行。”我深知对优秀传统文化的宣扬不能仅仅停留在书面文字上，更要体现在生动的课堂和鲜活的生活之中，让中华优秀传统文化走进课堂，走进学生大脑，走进学生生活，住进学生心里。

魏宏灿教授对本书的写作给予了莫大的帮助。从选题到大纲，从结构到内容，从态度到技巧，他都给予了无私的帮助和耐心的指导。书中的部分内容引用参考了魏教授的著作。他总是在我才思枯竭时给予我灵感，总是在我困惑不前时给予鼓励，总是在我烦恼懈怠时给予打气。他就像长辈一样给予我工作和学业上的关心和支持。治学严谨如他，一丝不苟如他，喜爱文字如他，热衷科研如他，帮助晚辈如他，都使我受益匪浅，是我学习的榜样。感谢魏教授！

在本书将要付梓之际，我还有很多感谢的话要说。

感谢我的父亲母亲。都说父爱深重如山，无私如水，在父亲身上体现得完美无缺。父亲是我生命中最想感谢的人，没有之一。我走的每一步他都全力支持和理解。如果没有父亲，很难想象我能拥有今天的一切。他的理想与信念、执着与坚定、追求与探索、宽厚与仁慈、率真与坦诚、爱心与耐心、热情与激情、认真与不苟、细腻与周密、温柔与浪漫、天真与憨实……都是优秀的传承基因，使我受用终身，终生难忘。无论岁月在父亲身上留下怎样善意或恶意的痕迹，我都永远爱他，感恩他。

感谢孩子的爷爷奶奶和爸爸，用无私的爱和淳厚的心守护孩子的成长，保证了本书的写作时间。孩子因为拥有他们而得以健康快乐成长，我因为拥有他们而倍感幸运和幸福。他们刷新了世人对于公公婆婆的认知，拓宽了亲情的内涵，教我学会了善良和宽容。

感谢我的孩子，她的乖巧和懂事、理解和支持保证了本书能够顺利完成。无数个白天和黑夜，我们一起坐在自习室里，坐在灯下，共同学习，共同进步。与孩子一起成长，是我最大的快乐，她教会了我很多。在生活的艰难与无奈，困惑与挣扎、疲惫与不堪面前，孩子是我源源不断保持生命力和战斗力的最大动力。“妈妈”也是一个职业，有优秀、合格、不合格之别。“好妈妈”是所有“好+职业”词汇中最美的赞誉，也是我毕生最大的追求。

感谢亳州市文明办的葛云飞同志，能力强，效率高，工作热情细致，真正践行了共产党员全心全意为人民服务的宗旨，同时还要感谢亳州市委组织部、亳州市委宣传部、亳州市文明办、亳州古井集团有限责任公司、亳州晚报社、亳州市文化旅游局、亳州药博会组委会办公室等部门同志提供书稿的部分图片和资料，在此就不一一致谢了。

感谢生活，给予我磨炼和收获、体验和感悟，无限拓展我生命的宽度和深度，让我不断探求生命的意义之所在，不断成长为更好的我。

感谢所有爱我的人和我爱的人，感谢所有帮助过我的人，因为有了你们，生活更有温度。

感谢出版社的编辑同志，辛苦了！由于学识有限，书中一定存在这样或那样的问题，恳请各位同仁批评指正！

张 兰

2018年3月

图书在版编目（CIP）数据

亳文化与亳州城市精神/张兰著．—合肥：合肥工业大学出版社，2018.6
ISBN 978-7-5650-4030-6

Ⅰ．①亳…　Ⅱ．①张…　Ⅲ．①文化史—亳州市　Ⅳ．①K295.43

中国版本图书馆CIP数据核字（2018）第125902号

亳文化与亳州城市精神

张　兰　著　　　　责任编辑　王　磊

出　版	合肥工业大学出版社		版　次	2018年6月第1版
地　址	合肥市屯溪路193号		印　次	2018年6月第1次印刷
邮　编	230009		开　本	710毫米×1010毫米　1/16
电　话	艺术编辑部：0551-62903120		印　张	13
	市场营销部：0551-62903198		字　数	220千字
网　址	www.hfutpress.com.cn		印　刷	合肥市广源印务有限公司
E-mail	hfutpress@163.com		发　行	全国新华书店

ISBN 978-7-5650-4030-6　　　　定价：42.00元